歐陽揚明著

文學叢刊

懷憶金門

金門縣文化局贊助出版
文史哲出版社印行

國家圖書館出版品預行編目資料

懷憶金門/ 歐陽揚明著. -- 初版. -- 臺北市：
文史哲, 民 95
頁： 公分. --（文學叢刊；186）
ISBN 978-957-549-684-5 (平裝)

855　　95014226

文 學 叢 刊 186

懷 憶 金 門

著　　者：歐　陽　揚　明
贊助出版：金　門　縣　文　化　局
出 版 者：文　史　哲　出　版　社
http://www.lapen.com.tw
登記證字號：行政院新聞局版臺業字五三三七號
發 行 人：彭　正　雄
發 行 所：文　史　哲　出　版　社
印 刷 者：文　史　哲　出　版　社
臺北市羅斯福路一段七十二巷四號
郵政劃撥帳號：一六一八〇一七五
電話886-2-23511028・傳真886-2-23965656

實價新臺幣三八〇元

中華民國九十五年（2006）六月初版

ISBN 978-957-549-684-5
ISBN 957-549-684-1

自序

余幼家貧，無力升學，大學之門，無法進去，與高中年代同學作比，自感有愧，於環境之惡劣下，在心理上，即有一種自卑感，出書一務，原不敢想，原因認爲才疏學淺，做此工作，必患無能爲力，想做，一定會受人譏笑，故早無作此打算。直到民國九十二年，余與內人董淑惠卦美探親，居住兒子之家，每當閒坐無事，即舉筆習寫，至民國九十三年返國，有一兩篇習寫之稿，與我女兒歐陽柏燕商討，可否向報社投稿，她看了之後，一直鼓勵，並介紹幾家報社之地址供我選擇。十家報社之中，我選擇了家鄉的金門日報社，其用意很多，主因，我是金門人、欲談故鄉事、自幼至今，我有七十七年的家鄉生活閱歷，如欲寫稿，可從我之實際狀況作取材，所要說的話，必定事實，更可將近百年來，我所知道的事，作爲歷史的見證。

於投稿時，亦無想要出書的念頭，只要抱著一種打發時間之心理。所寄出兩篇的稿，亦已漸登出，我仍自尙不知，過了兩三天，金門日報社總編輯林怡種先生，利用晚上打電話到我家（台北），問我有沒有看到我已經登出來的文章，我家因無訂報社之報紙，全不知情，我說，我沒有看，我也不知道，他又說，你的第一篇文章是在民國九十三年八月二十三日登出，並說了一些鼓勵我繼續投稿的話。要我準備將來可以出書留給兒孫作紀念，比你留財產給他們更有意義。

聽了他那些鼓勵話之後，我就鼓起勇氣，從那天開始，每週寫一篇，當爲我在寫週記，我就繼續向金門日報社投稿了，同時，也馬上向金門日報社訂一份報紙，以便日閱之方便。

能出此書，我很感激林總編輯之鼓勵，及金門文化局贊助出版經費。而此書之集成，是由女兒歐陽柏燕從網路上蒐集我投稿所登出之資料，集成一書。

今有此書，都是得自各方之鼓勵而有之，否則，我永遠都是患了一種自卑感的心理，也永遠沒有出書的機會。

再之，想出版此書，除了得鼓勵之外，更重要的，藉此書可作懷念先慈之一生，先慈一生之辛勞，無以爲報，以書作孝，並排定了懿行作懷念，茲將於安葬她時，撰寫懿行附下：

懿　行

哀改者；先慈董氏系名門，性情溫淑，少時勤習閨訓，四德七誡，罔不通曉，稍長工女紅，大凡衣著均出其手，民國十八年，來歸先君歐陽公、主持中饋，克盡厥職，處己則儉以約，衣裳無曳綺之華，偶有尺緺寸帛之貽，必庋諸笥，接下以恩，多所顧念，故人亦樂為之用，憶不孝幼時，先慈每於夜織之時，令坐其旁，親自教誨。先君營商海外，操勞過度，一病不起。民二十六年，先君棄世時，先慈年廿二，誓言守節撫孤，其時頓失所持，無奈暫依外祖家，先慈個性獨立，不願久依於人，未幾即攜不教回歸先君舊居（金門歐厝）勤儉耕織，令不孝無憂無慮，完成學業。內子民國四十六年來歸，舌耕所得，稍鬆家困，好景綿延，長孫歐陽銳，次孫歐陽堅，孫女歐陽柏燕，先後出生，家用加重，先慈辛勤操勞，諸孫均賴以養育成人，並能完成高等學府教育，因是積勞成疾（心壓衰弱），延醫服藥，旋發旋癒，延至民國八十年元月八日（農曆七十九年十一月二十三日），竟棄不孝而長逝，嗚呼痛哉，不孝侍奉無狀，致永抱鮮民之痛，今後將何以視息於天地之間，推有含哀飲泣，恭述懿行，伏生博雅君子、矜憫愚誠，惠貺俾光泉壤、感德無涯矣。

棘人　揚明泣　啓

元月二十日

百善孝爲先，想寫此書的中心思想，是爲紀念先慈而決定，因她之一生，所辛所勞，都是從苦難中之奮鬥而營生，沒有她的意志與堅決，我家香火，可能就此斷層，出書之意義與目的，也是要留給子孫做紀念。我家真正創造光明的榮耀者，祖傳以來，可說無比先慈更刻苦，更忍耐，更創新。吃苦之事，暫停不談，就以養育長孫銳、次孫堅，及孫女柏燕爲證，是以化不可能爲可能，因環境之惡劣，即如沙漠中種大樹，從幼苗開始，專心一意，不斷的灌溉，不停的保護，至今成果已出，各位亦已成家立業，雖然經濟不裕，但尚有餘歡。而最得慰者，她用白手起家，培養出兩孫兒均能赴美留學，且得碩士與博士，及培養一孫女，尚得可慰。

今得收穫，追憶苦情，先慈之偉大，切不可忘，爲了永懷，余即冒昧而寫此書。本書之取材，是以金門憶往爲主，因這近百年來，金門受其戰亂，故事很多，尤其戰爭實況，在小三通之前，凡是住金門的人，所經的實地，所遇的危險，所受的之痛苦，實在一言難盡，因爲那時代的人，他們能在密集的砲火下、能工作、能生活，能保存生命，這些都是特別又特別的人。

生長在此時期的人，也可以說是不幸中之大幸，我也是出生在那個續延的人，也剛好遇到這段戰爭期，所以才會陪慈母同時受苦、受驚和受難，這可能也是命中所註定。但話說回來，若無經此挫折，想寫此書，想找靈感，也是無從得來，所以，苦命越多，危機越常遇的人，所寫的內容會更實際。

寫往事、憑其記憶力、人會老，以往很多事情，確實無可能記得，我能寫上這些往事，可說日記是我的助力，每當寫到某一件事情，要求實證，如人、地、時、事、物，我會找日記作參考。

回想之中，教育是人生最根本，論我之命、幼時環境惡劣，又當時的時代背景，正居於第二次世界大戰之期，金門一段日子，被日本佔據，均無學校可讀書，地方家長，爲恐子侄文盲，即以自設私塾，私聘師資，必須富家（當時有飯吃的人謂之富家）子弟，方有可能入學堂，以我之家境，並無父（父親早死）兄可以助我學費，幸好慈母對我重視教育，及得外祖父母之資助，我方有機會進入私塾學堂讀書。

至抗戰勝利後，方由私塾轉入國民學校，其中爲了交學費（當時讀書必須交學費），慈母吃了不少的苦，經受苦奮、由小學而初中，由初中而高中，到了出社會謀生，方再進修普師與師專，以此混凝，而進至今，於退休後，即寫〈懷憶金門〉一書，記錄了諸多金門真實故事，包括戰時生活回憶，當時環境的實況，以及我個人的生活閱歷往事等，在書寫本書的篇章時，我也走入過去的時空、看見童年時的人事物，目睹金門駐大軍的盛況，聽到「八二三」，古寧頭大戰等戰役壯烈的砲聲，也再一次回到克難創造建教室的現場，在〈戰時十日記〉

中，我更感覺自己分分秒秒的活過一次，這樣的抒寫記錄當然包括了愛恨情仇、酸甜苦辣諸般滋味，也驗證，還原了部份史實，我不能說我的文章寫的多好或具備什麼特殊價值，但身爲一個金門人，走過烽火歲月，產生了深刻的省思和觀照，就應該真誠的把它寫下來，告訴後輩，怎樣做一個堅強的金門人，因爲，未來的金門，需要靠他們打出另一片天！這是我書寫〈懷憶金門〉一書的初衷以及寄盼！

懷憶金門

目次

輯二 戰時生活回憶

輯三　生活閱歷

作者的家庭住過歐厝那棟屋門牌 54 號

輯一

生活環境實況

輯一 生活環境實況

童年往事

可愛的長孫，他只有三個月大的嬰兒，抱他放在床上，讓他自行的動或睡，我們全家人坐在周邊，此時，大家以聊天打發時間，年齡大的談一些小時候渡過農業社會生活情形，年輕者聽了我們所談童年時代的生活，與今作比，完全不同，那時候物資缺乏，民間生活很痛苦，所有糧食，完全靠自己耕種的農作物來糊口，因多耆田地不夠，所產之物，都不夠吃，又金門地方，亦無水利，住在一個靠天下雨的農村地，實在很難維持生活，那時候所住的鄉村，無電力，無自來水，沒有公路，也沒有車子，人民從早晨起床後，就馬上到山上去做工，一直到太陽下山，天也已經暗了才回家，根本沒有什麼休閒活動，只有累了，就上床睡覺，天亮醒了，又開始工作了。一年忙不停，要等到過農曆的春節，大家才有五天的休閒假期，那五天，家家戶戶貼門聯，穿新衣，戴新帽，穿新鞋，吃豐餐，一年的辛苦，只等這五天，話雖如此，還是要比較有錢的人才有辦法吃好一點，穿新一點，沒有錢的人，還是穿舊的，吃壞的。那五天，想多吃一點東西，尚須依靠祭拜祖先之煮物，收場之後，全家人就有吃的享受了，所以大家很喜歡過新年，尤其是小孩子，有吃又有玩，但有些成人就未必然，有些擔當家庭的成人，因經濟困難，過年雖好，反而痛苦，因小孩子要買新衣服，家庭要買食用品，有的一家孩子生太多，所以家庭生活負擔不起，因之過年期間，小孩快樂，成人痛苦。

余憶童年，正是第二次世界大戰期間內，金門被日本占據，老百姓很痛苦，小孩無學校可讀書，平日無鞋子可穿，出門無車子可坐，吃也不飽，穿也不暖，根本不是人過的生活，因大家都窮，家中也沒有什麼東西可供人偷，若有事要出門，門也不必關，雖然小偷進來，也是空手回去，無論室內、室外、門口、路邊，也沒有人看管，看起來好像是個「世界大同」的社會，真的是「夜不閉戶，路不拾遺，謀閉而不興」的大同世界，根本無物可搶，無貨可偷，有謀閉的人，也等於英雄無用武之地。但話說回來，出生在那個時代的童年，雖然物資缺乏，吃不飽，穿不暖，而吃空氣和喝水，照樣會長大，物質生活雖缺乏，而精神生活尚得樂，因爲有家庭的溫暖，有鄉人的和氣，窮苦之中，彼此照顧，與現在的工商社會作比，在人情味，那時候的貧窮生活與現在的富裕生活，實在是精神勝於物質。

那時鄉村童伴，因爲無學校可讀書，無老師可教導，就成了一群野孩子，三五成群，到處亂跑，隨心所欲，從家裡跑到鄉村，從鄉村跑到野外，有時去游泳，有時去爬樹，有時去捉蟬，有時玩救兵，有時玩打仗，有時玩賽跑……所有舉動，都不給父母知道，若被得知，會受打，會被罵，其實，小孩的狡猾，也騙不過父母的智力，不按時回家吃飯，身上的衣服都弄髒了，或是游泳回來的皮膚，檢查一下，馬上就會知道的。這些有父母失管教的孩子們，以當時的環境，很容易變成野孩子，原因是異國占金門，他們不會管你老百姓是死是活，所以做亡國奴的人民，實在夠可憐。有識之士，認爲這個鄉村人，都是家族人，因之，就發起捐獻，請一位私塾老師來辦一所私立學校，學生有的私費入堂，有的補助入堂，若當時沒有那些有遠見之人士發起辦私校，金門被日本侵占管制，教育若再斷層，延至今日，可能全部文盲，也就是不會像今天進步的金門。

蕃薯田守夜追記

小時候，晚上我獨自睡在山上，這是什麼原因呢？因爲在日本管制金門那段時間內，老百姓很窮，抽鴉片煙的人特別多，由於人民貧窮，生活困苦，再加上鴉片鬼很糊塗，所以搶，偷、騙，到處都有，家裡無物可偷，就偷山上的地瓜，很多老百姓，辛辛苦苦，種了一塊地瓜園，是一家人的主要糧食，若不看好，明天全家人就要餓肚子了。尤其，晚上的深夜，過後是決定全家人的餓或飽的生死關頭，因爲鴉片鬼白天不敢出門，專在深夜人家正在甜睡的時刻，他才出門，出門之前，他會先抽足夠的鴉片，不抽鴉片，就沒有氣力去偷，經抽足吸飽之後，他的氣力會如龍的活躍，不管是要跑要跳，所偷的一麻袋地瓜有一百多公斤的重，他抬在肩膀上，走起路來也是輕飄飄的，若是來了鴉片癮，他一點氣力都沒有，甚至會肚子痛或生病，連走路或站立，都持不下去，由此想像，鴉片是救人的藥王，也是害人最慘的東西，有些人若遇上身體不舒服或生病，就和朋友到鴉片館去抽一小包的鴉片，病馬上就好了，人馬上也有精神了，但鴉片這種東西，越抽越重，第一次抽一小包，第二次就要抽兩小包，以此類推，每次都要增加，否則，想振作精神或力量，絕無效果，由此原因，所以患了鴉片癮的人，很難走回頭路，有的將自己的家產抽掉了，也把兒女和妻子賣掉，走頭無路，只有偷和搶。

當我十來歲的年齡，金門就是那種社會，日本人不但不禁止抽鴉片，還鼓勵老百姓種鴉片，也准許商人開鴉片館，供人家去抽，談到種鴉片，我也有幫過家長的忙，每當下種、澆水、施肥、收穫，家家戶戶，大大小小，都要到鴉片園去工作，全金門的農村，每村每戶，都是一樣忙，日本政府，還舉辦了收穫比賽，收穫多的家戶有獎金，但所收的鴉片，不准有私人買賣，必須交給日本政府，他用很低的價格，向農民收買，若私藏被他知道，他會用最嚴最兇帶你到一個集合民眾的地方，當場用打的方法給大家看，所以，在當時的社會，人民無發言的機會，生命也無安全，可以說人不如狗，且有些人，自甘墜落，自不檢點，患了鴉片癮，不但害了自己，也害了別人，更甘心做亡國奴，一心一意，爲了抽鴉片，要偷人家的食糧（山上地瓜）。

我十來歲的時候，爲什麼晚上要獨自到山裡睡覺呢？就是因爲鴉片鬼迫我去的，一個十來歲的小孩子，我又是一個獨生子，母親把我看成寶貝，原先捨不得，但爲了肚子，山上地瓜若給人家偷走，我們母子吃的問題怎麼辦呢？所以不得不把心橫下來，含著眼淚說：「孩子去守地瓜園吧！」爲了肚子，每天晚上，我總是帶了一支扁挑當武器。一個枕頭，一條舊棉被去，在地瓜園的中央，還自己蓋了一間一個人可睡的下的茅草屋，可以避臨時來的風雨，晚上睡在茅草屋，白天就回家。其實，一個十來歲的小孩子，能抓小偷嗎？不可能，只不過是做一件和鴉片鬼（小偷）的心戰工作，因爲滿山遍野，凡是有種地瓜的田園，主人就有蓋了一個茅草屋，到了晚上，守園的人，互相叫映，好像軍人要出發作戰的士氣，只要有情況大聲一叫，四面八方的人，就會來幫忙抓賊。

因爲我年齡太小，村裡的同伴，深夜會來跟我開玩笑，試試我夠不夠膽量，有時候裝鬼，有時候裝賊，故意使我發現，我不但不怕，還大聲叫醒周圍人，還拿扁挑追賊，這時候，假裝的人出聲了，認識了原來是自己的山友之伴在開玩笑，大家才哈哈大笑。

談到膽量，爲了肚子，不斷磨練，所以有時候，膽量就很大，我守的那塊地瓜園，左邊有一條陰溝，樹木很多，經常有鬧鬼的傳聞，我剛去睡的前幾夜，心裡有點怕怕，但經日子過慣後，鬼也不怕了。到我長大，才認爲死鬼不可怕，最怕的是活鬼，社會會這麼亂，完全都是活鬼弄出來的。由於小時候之磨練，到我長大出社會工作，遇有幾次的必經之處地，都是單刀赴會，用膽克之，記得某年某月某夜，我從家鄉歐厝，到城裡去參加宴會，深夜步行返家，必須經過另一個村外有一條陰溝道，常聽人說，那邊有鬼，每當天快要亮的時候，村人挑菜到城裡去賣，必須經過該道，有常遇到後面一個會拖過路人的籃子，也有時候會用石頭或沙丟過路人的身上。返家的那夜，我也必須走經該道，那陰溝的地方，有三個因互殺死後埋在那裡的墓，三個墓併成一排，我就想起那個地方，就慢慢的走，在遠遠的地方，就看到墓前有一個穿白衣服黑長頭髮站在那裡，越看越懷疑，今晚真的遇到鬼了嗎？心裡也點怕，但再回想我小時候守地瓜園的膽量，我就繼續的往前走，走進墓地，詳細一看，原來是墓前積水，旁邊樹影被月亮照射，變成好像一個穿白衣黑長頭髮的人站在墓前。

另有一次，我到某校代課，學校是用大祠堂做教室，白天師生齊集一堂，晚上留我一人駐校，因爲是冬季，金門風很大，門關不著，因無電燈，是點臘燭，會被風吹息，祠堂正中，都是排神主，祠堂周邊的門，被風吹來吹去，有聲音會搖動，一下子開、一下子關，暗暗的大祠堂無燈火，有聲音，深夜無伴，我假使沒有小時候獨自守野睡的磨練，在那種環境，我就沒有辦法睡覺了，又有一次，我在某校任課，因學校死了一個上吊的學生，不久校長也病死了，家長與師生，都說那個學校有鬼，某天，我輪到值夜，自己一個人，睡在辦公廳，臨時有一位老師來通知我到村裡去接洽一件事，就請他幫我守幾分鐘，我剛到村裡，那個老師流冷汗跑來找我，說學校有鬼，我聽了之後，馬上再回到辦公廳睡，自己一個人睡在那裡，看看剛死幾天校長的辦公桌坐位，想他的坐勢，又聽到校外的野貓叫聲，如果不是我小時候有獨自夜野睡的經驗，我就沒有辦法過那一夜善盡職守的差事。除此之外，內人在某校任教，因路遠每天無法返家，因之住校，她自睡一房間，該校也有鬧鬼，而內人她膽子尙大，乃是每夜過關，到了長男出生，那四十二天的假期，由我去代課，剛到就聽人家說，你所接來睡那個房間，到了晚上，鬼會將床抬轉方向，我半信半疑，認爲我從小到大，所經過之故事，已經有經驗了，乃繼續照住。

想起以往，余所經之處還多，所遇之事尙可怕，但工作之閱歷，尙須從小時磨練，才會知道人生的酸甜苦辣到底是什麼滋味。

歐厝那棟屋

在金門島，靠在東南部的角邊，有一個小村莊，村名叫歐厝，村莊不大，全村住宅，只有八十餘棟，東方靠近海邊，東北有一座煙墩山，南方、北方、和西北，也有鄰近的小村莊，即是東沙、泗湖，和小西門等村莊。歐厝此村莊，其中有一棟舊房屋，門牌五十四號，你不要看它破爛不堪。後落亦曾被戰時的駐軍，借用做廚房，看起來，不像是個美好的場地。其實，若以風水陽居作評估，它是有丁、財、貴的寶庫，住過該屋的人，雖然有時會因命運的挫折和遭遇，但只要你有耐心的等下去，等到龍脈走到那裡，就會展現一項寶，給你一個大豐收。歷年以來，都有事實的見證：　上輩堂伯父歐陽鍾遠，住過該屋，有發展在左面及後面之地有建大樓暨三棟毗連之雙落大厝，爲當時金門西半島之冠。　住過此屋出去的，到了南洋，有發展了數千的人丁。　從此屋遷居至新加坡以後，有發了很大的財富。　此屋有出了兩位留美的學生。　此屋也出了博士和女作家。　也曾經有高級將領來此屋內掛大鏡賀婚禮，並參加喜宴。

那棟房屋，我從小到大，也有陪著母親住在裡面，想起那棟舊屋，實在有歷史的淵源，研其風水陽居之龍脈，即如股票之市場，有升也有降，有來也有去，有賺也有賠。這完全要看住進去的人，他走的是什麼運，上輩的堂伯父，他的運氣好，住進之後，巧得龍脈之集聚，經過該屋，所以才能振興海外之商業，造就鄉梓之興建。到了我父親和伯父兩兄弟住進之後，所聚龍脈，全部跑光。惟留住父親和伯父，父親死、家裡窮，到後來，母親和我，因命運不佳，就吃了不少苦。這就是風水陽居，乃須配合人之命運。

原該屋，是歐厝村坐落最北的位置，坐北朝南，視前平直，可看到南方很美的山水和村莊。當堂伯父住該屋時，因人丁超滿，部份兄弟，就分住新加坡，在南洋一帶，經若干年後，就發展起來了，兄弟在南洋，也變成大富翁了，就寄了很多錢回到故鄉，交給家鄉的兄弟歐陽鍾遠們，就在這棟舊屋後面的空地，建了一大片古式毗連雙落的新房屋，並在東面也建了一棟大樓，其時，傳出了歐厝之名，播揚全金門島上都知道這裡有美麗大方的大樓和大厝。

以往之發展，都是由這家舊屋之發源，又經時境之綿延，在外兄弟，繁榮傳代，長住南洋，在家兄弟、子孫留傳，有之尚住在新建之屋，有之再往外遷。

當時之舊屋，風水陽居雖佳，但環境之面積有限，且歐厝可發展的地方，周圍不大，不是山丘，就是鄰村，而且缺乏農業、工業、商業之基本條件，無從興建，故居住此村的人，謀生不易，只有往外，方可營生，才有發展。我的父親，他也往南洋經商。父母結婚之後，由此舊屋，轉到南洋。於民國十九年，農曆六月十三日，我就在新加坡出生（與現之戶籍不相符，原因現之戶籍是我隨父母返國後，在日據時代，金門戶籍人員亂寫，把我寫在民國廿三年七月廿三日出生）。當我尚未周歲時，父親經商失敗，攜家返國，留了母親和我及胞妹，又居原住此舊屋。他獨自又再南渡，期望東山再起，然天有不測風雲，人有旦夕禍福，我五歲那年，父親在南洋，一病不起。母親與我兄妹，經濟來源斷絕，母親傷心過度，幾次暈倒，幸鄰家見憐，方把她救活，其時胞妹也生病，母親無心照顧，致胞妹之病，遂爾夭折，此時母親和我，也與伯父母同住此屋，父親生前，與他並無分家。

自父親死後，我家永無可能再寄錢回養我們，勢迫無奈，母親只好將我帶到古崗村外祖父母家，暫時依靠舅父的養育，因此，我母子在古崗住了一段時間，余幼時活潑可愛，外祖父和舅父，即送我入古崗小學讀書，直到我讀高年級，才回原住歐厝村。

一般民言，常論風水陽居，是決定人之一生，其實未必然，因人生之過程中，是有時也，命也，運也，該歹命勞碌之運刻，任你燒香拜佛，亦無點用。屋是固定有地穴，龍是活動有聚散，當龍脈經過聚其地，住民即得風水陽居之興盛，當龍走開之後，民所住之屋，失了保護權，就住的人，那就看他的命運了，遇好運即好過，遇歹運即倒楣，我父親會死，就是因爲他那一年很歹運。天地萬物，原理相同，無論住它之風水陽居，天地之神明，人間之命運，都是有期限之循環，一切之注定，是好是壞，即如做股票，有時漲，有時跌，當機運未到，乃求不得。茲將龍脈不來的時運，略述如後：該屋的風水陽居雖然是好，但當如股票低落的時運，住在該屋時，也是要受盡風波之苦，慈母與我，其時住入其屋，正遇如股票大跌時刻。當時，慈母與我，相依爲命，堅持奮鬥，克勤克儉，在此舊屋，建立基礎，雖然房屋破舊不堪，但尚可以，暫避風雨。此時，母親爲了要給我讀書，她吃了不少的苦育我。

到了我考上了金門中學，其時名譽雖好，但最痛苦的還是母親，家境本來很貧窮，再加上因爲當時就讀金門中學，每年要交學費十個白銀，家裡沒有錢，又無得助，只好自力更生，家裡養了一隻豬，只有六十多斤，依常理，豬太小，不可賣，但母親爲了要給我交學費，就將那隻不夠大的青春豬賣掉。到了第二年，又要交學費了，家裡乃是沒有錢，母親爲了要給我讀書心切，就去找村裡有錢人兆向叔公借學費，兆向叔公很重視族人的教育，他說既要交學費，他沒有現款，就挑了兩桶花生油到金門街去賣，借給我交學費，我還記得很清楚，那兩桶油是賣給金門街福安商店，在那時候，家裡是靠地瓜乾充飢，我家裡只存了半小缸的地瓜乾，母親爲了要給我讀書，將半小缸的地瓜乾和一些要煮地瓜茅草燃料，也給我挑到金門城去依靠姨媽作補主副食。母親和姨媽，心地很慈愛，余無以爲報，未盡反哺，檢討之後，深感不孝，尤其母親，當我讀中學那段日子，她將要吃的地瓜乾，全部給我帶去，要煮的燃料，也全部送我挑走，她在家裡，那只有喝水過日子。天下父母心，這種天性的慈愛母親，至今回憶，耿耿於懷，多年由她辛苦的養育。

到高中離校出社會後，我的家境，乃是貧窮，此時，余想在社會上找一份糊口的工作，又找不到，只好暫在此屋隔壁的一所公立小學當義教，義教雖善，但肚子不飽，尚非上策，因之設法再找工作做，因人浮於事，時有時斷，毫無保障，也不安定。所以，余住此屋之期間內，曾有三度之失業，後來有金門高級長官，發覺我這個很誠實、很可靠、很貧窮、很可憐的金門青年，才叫我去辦社會服務的工作，因之我也當了將近四年的民眾服務站主任。工作期間，我的家庭生活就安定了，就將舊屋的前落修一修，我上班，母親在家開了一所小店，店號叫「信來」。從此以後，經濟有了基礎，就有媒人來說親，因之於民國四十六年四月，就在此舊屋結婚。我並非軍職，也無特別的人事關係，只是肯爲地方服務的小職員，而當時的戰地司令官，及政治部主任兩位將官，亦送大鏡來祝賀，以當時之時局，有金門最高指揮官來賀大鏡掛在此舊屋，實在很難得，更可貴的，副司令官亦親自到此舊屋來參加我的婚禮和喜宴。再說風水陽居，在那時候，可能龍脈又藏至此舊屋了，否則，以我之小平民，怎麼想也想不到會請到這些將領來到此破舊不堪的小屋。

時過境遷，我於民國四十七年三月，就辭掉民眾服務站主任職，至民國四十八年就參加教師檢定考試，原是民眾服務站的工作，即轉職教育界。在民國四十七年，有生一男，命名歐陽銳，越兩載，再生一女，命名歐陽柏燕，又過三年，再生一男，命名歐陽堅，我的家境，依薪維生，毫無儲蓄，乃是窮困，但與內人，共營舌耕所得，尚可糊口，而目標專注，養育子女，經數十年來之奮鬥，雖經濟不裕，尚有餘歡，最可貴者，是精神重於物質。

原我小時，在歐厝村，可說是一位最窮的人，而對子女之教育，在歐厝村，可說有送受高等之教育，兩男均赴美留學，一碩士、一博士，也是住歐厝村此家得第一位的博士。長女雖無如兩男之學歷，而她興趣文學，經常寫作投稿，乃是名譽甚佳。

歐厝那棟屋，研究過去，觀其現在，推測未來，利弊得失，各有事實，若論風水陽居，似有似無，這可能也是龍脈有活動期，來的時候，龍顯其威、住之即興，去的時候，毫無龍氣，住之倒楣，此乃人傑與地靈，必須相輔相成，方可得順其昌，萬事如意，觀其現況，今無住人，而所有在海外者，今乃興盛，且那些人，前亦是由此屋而出去，可證地質之龍脈，是有基固，凡我有關之族親，乃應慎此舊屋之地基。無論如何，寧可信其有，不可信其無，方可固本永存，使日後之子孫，有其寄託與希望，亦才能永懷先人之創業精神。

再從日後作思考，余此次為拜祖還鄉，特詳察此舊屋，大門鎖著，內部破舊，院中長草，門口鋪了石板，外在實在美觀，惟最可惜者，大門前鄰居之門口埕，地下有挖了一化學廁，雖然地上看不到，而陽光蒸發，臭氣衝天，舊屋大門若開，臭氣必往內進，吸其臭氣，人必生病，觀其實況，此舊屋無法住人，幸我早已遷居，有之遷至台北居住，小孩遷至美國居住，否則，住的問題就大了。

再以風水陽居而言，若真有其事，龍也居聚不下，龍若有個性或有脾氣，聞到臭味，一定也會跑掉，又後落廳堂的佛祖和祖先，若坐在堂，也必受不了，所以現此舊屋，以人或神，均不適宜居留，就是住了，也會生病，好在余遷移時，佛祖與祖先，亦以齊家同行。又該屋之內部，部份地方，也已漏氣，且雜草滿院，想再回居原住，實有堪慮。內部之情，可用修補，至於門前之廁地，乃是鄰人之權利，依法計較，無從訴起，地是他人的；權也是別人的，提出理由，依法無據，憑什麼叫人家門口不可建化學廁，依一般之規定，只要有了地權，就可自行使用。甚以在都市中，有錢人除有地權外，尙有空權之使用，他的門口，若要蓋一棟樓把你的大門圍起來，想打官司，也一定是輸他，若遇有此情，你說風水陽居，要保留永存，就必須要有惡勢力的人才有辦法。

上述之言，只是舉證之言，鄉下地方，人民善良，人情味也很濃厚，有些事情，是由不知不覺無意中而建之，若爲此事而計較，會失鄰居之和睦，原是代代每日相見之宗親，而爲此事而失和，於情於理，實在亦划不來。民間有句話，叔孫是萬年的，爲了計較一件小事情，而失掉了萬年之親情，說起來亦不應該。有遠見的人，認爲和爲貴，遇事應容忍，尤其同宗之叔侄，看法與作風，要抱其天時不如地利，地利不如人和。有了人和，再大的事，遲早而已，總有和平解決之一天。

風水陽居，以我之淺見，此乃我國之傳統，哲理是有其事，而今科學昌明，有些常識，尚須配合科學，國家與社會，方可隨現代化而進步，人民之生活，亦才能現代化。爲了建設，破壞了人家的風水陽居，這種作法，都很不好，爲了風水陽居，而妨礙人家的建設，這種想法，也是不對，凡事之舉，應先溝通、討論，再行議決，可能雙方就會很和氣、很完滿。其實，環境之衛生，人民之健康，須向此途行，才是最根本、最有目的之作法。人民要獲其身心之快樂，沒有健康之身體，那有快樂獲得，沒有衛生之環境，那有健康之來源。

對於此舊屋，處在現在與未來，作補之方式很多，不必用力急追，想使風水陽居，能再復源興展，以我國之儒家哲理，以德爲本，以德服人，都是極科學之方法，孔子的說法，認爲「有德此有人，有人此有土，有土此有財，有財此有用，德者本也，財者末也」。只要依序順行，不作顛倒，所有之是是非非，就會順自然而明白。

取風水陽居之目的，不外乎也是爲了出好子孫，爲了發大財，而出好子孫和發大財之方式也很多，不一定要爭到那一塊好風水好陽居的地方，就是爭到了，也要有福氣的人才能得到好子孫和發大財。俗語有句話：「福地福人居」。缺德的人，雖然有錢有勢，用勢力去爭來，用金錢去買來，雖然暫時得到，而到終結，還是會敗下來的。故凡事要務本，求名求利，尙須從自己的用功，修德之作法，才是真正之取得，俗語有云：「欲高門第必讀書，要好兒孫須積德」。可證用功讀書，力行修德，是人生最根本。吾人既知此要則，今後之作法，無論是自己之事，或他人之事，應憑此原則，互相勸行，有此作法，無論是鄉村，無論是城市，無論是社會，無論是國家，必會和睦相處，彼此安和樂利。人人心地善良，個個互助合作，也就不會明爭暗鬥，你爭我奪，做出相害的事情出來。

再想此老屋，其地基之本質，都是向善聚寶的，只要龍脈有經過，則有無形暗藏才或財期待未來，故此屋確有臥虎藏龍之地穴。亦可謂是一個固定大型的珠寶箱。時運若到，遲早而已，就有見證。尤其對未來之主人翁，雖要再等數十年後，而時間到來，就有事實之證明，茲舉當我們小時，此家某天晚上，來了幾個中學生是學生時代的同班同學，那天是假日，他們到歐厝沙灘邊看風景，玩到天色已暗，其時交通不便，無法回到城裡，因之就到我家住了一個晚上。那時此屋，也是破舊，而同學之情義，認爲能聚集一堂，比什麼都可貴，除了歡樂閒聊，也玩了撲克牌，大家非常高興，那天晚上，我母親煮了地瓜湯請他們，之後，他們都是還記得歐厝那阿婆，屋是古老的，同學們是年青的，彼此住此地是真情的，所談所玩的都是歡樂的。這也證明社會上最誠意最可靠的人，就是最小的學生時代的同學，毫無政治色彩，也毫無利害關係，更毫無勢利的眼光作交往，屋雖破舊，而心精誠。從此推想，交友，還是交以往之老友好，喝金門高粱酒，還是喝老酒好。

爲什麼我要說此屋是一個固定大型的珠寶箱呢？因爲凡是到過此屋住過的人。無論遲早，總必有收穫的，現在來舉例說明事實，除前面所舉前輩歐陽鍾遠那些人以外，還有臨住一夜在此屋者，他們當時是小孩、是學生，到後來，他們成爲金門人很有名望的人，就是前福建省主席吳金贊先生和許榮輝先生這些人，小時候他們都是不知道這裡有個固定大型的珠寶箱，到了他們長大在社會上做事之後，才知道珠寶之珍貴，也需要有穩藏之先訣，並非立即而得取。

再舉一證，住過此屋的孩子，無論小時求學，長大走出校門踏入社會，做事都認真負責，做人都是誠實待人，與村裡之鄰居，都是和睦相處，不會騙人，亦不敢做不義之事，凡事都是固本求實，寧願吃一點小虧，亦不敢貪人家之小便宜。誠實的人，天必有補。以我久住此屋，原是貧窮度日，到了後來，尚可培養兩男一女，獲其高等之教育，這就是屋有龍脈，天有暗助，否則，焉有今日之平穩。金門此地，國共砲戰數十年，我與內人，爲了職業，又須住留他鄉之學校，晚上時間，又每天無法返家，家留老母及三小孩。爲了解決問題，大男孩由我與內人帶往學校，老二與老三即放在家裡，交由母親撫養，一個是三歲，一個是嬰兒，一個老人家，要負擔那麼重的工作，又每逢單日，砲彈又不斷的射擊，抱嬰兒帶幼小孩，逃往公共之防空洞，於寒冬之晚上，天氣那麼冷，母親那麼老，實在於心不忍。爲了此問題，余就在此老屋的左邊，建了一座小型的防空洞，洞可通房間，夜可睡在洞內，有助餵嬰兒時間之方便。

論住此屋，談其往事，即如金門之砲戰史，乃有風波，但時過境遷，苦盡甘來，所有孩子，均已長大成人，成家立業。各求發展，而根基之地，就是此舊屋。無論前輩的人，吾輩的人，及下輩的人，均由此屋出去，而風水陽居，地氣龍脈，是否尚在，或是另往他遊，此等學問，只有專家之地理師，才有可能研究出來。關於風水陽居地理學，我是一竅不通，無從談起，惟聽歷來之傳說，見其歷經之實況，傳其人云亦云，信其住過此屋者，人行我不行。也認爲所有的事實，大概是碰巧吧。

我與慈母，住在此屋，爲期不短，而所受之遭遇，算少不少，所吃之苦，算多不多，因爲此村是農村，此家是農家，生活在一個農業社會時代的，每天所過的生活，都是日出而作，日落而息，只有勞苦而動，平日所勞，已成習慣，因之，說苦不苦，居住農村的人，彼此相同，誰也不叫苦。至於好風水陽居，居其屋能儲蓄財寶，能培養出人才，就把它當爲是珠寶箱，這也是流傳語。現在此屋人都走出去，也等於珠寶箱都拿走了，至於風水陽居有沒有被人家破壞掉，既是珠寶箱，而裡面沒有再放珠寶進去，就是小偷來了，也沒有關係。

到如今，人家最懷念的，就是我的母親，她以自種的地瓜，煮了幾碗地瓜湯請了幾位當時是小朋友，現在小朋友長成了有名望的人，於送我母親出葬的那一天，他們在祭拜中，還是念念不忘，小時候到歐厝那棟屋，給我母親請了地瓜湯。這種懷念，不是用金錢可以得來的。

爲了此舊屋，原是吾家族之私事，也是自己的小事，而利用此機會提出，也是一件過去的地方新聞，爲了表達誠心誠意，宏揚先人之美德，因之特寫出來，以作後人之留念，激發了歐陽家後人之努力。

風水陽居，雖然抽象，就事論事，確有道理，若不信之，又有見證，若以迷信，並非現有，須再等待，且期限之來，又無確定，因之，使人不可不信，而信之人，最好還是不要迷，因此物必須有德之人，方可得到。這種傳統，也並非只是歐厝村才有，金門各村各里，均有風水陽居之奇談。我生於此村，住於此地，而所見所聞，所聽所知，亦只有此家特奇。在同樣之村落，同有之住戶，大家都想得好風水陽居，爲何有之有，有之無，這就是證明世間必有風水與陽居。再之，同村之戶，有之在南洋發大財，去研究他祖先之墓穴，乃有實證。既有，吾人應依民俗之傳統去做。

自古之傳，金門習俗，信談陽居風水，談到歐厝那棟屋，確有其實。上輩之人，住那棟屋者，擴展南洋，則發大財，寄回建業。吾輩之人，住過那屋，乃得渡過難關，教育子女，頗有成就。下輩經那屋出生的，有得高等學位。從三代人之印證，該屋確有風水陽居，也才有今日之傳說。既有其事，想住此屋者，應配合修心養性，宏揚道德，力行友善，住進之後，相信必可子孫綿延，前途無量。

追想前輩偉業，確有歷史之意義，無論在內或在海外之族人，我們應該要切記，更要永懷歐厝那棟屋。

作者小時讀過金門私立金獅小學，照片是歐厝那棟老樓房的圍牆內。

日據時代金門勤耕記

我小時候，家鄉的金門，所有的民眾，都是依農維生，又那時代的鄉土，是被日本之統治，人民的生活，非常痛苦，想謀生活，惟靠農耕，而金門之土地，又不肥沃，只可種些地瓜與青菜，而所勞之務，惟靠人工之勞力和牛耕之助力。工作之中，乃須有工具，否則，想種田也是種不起來。憶我小時，家庭之窮，幾乎是窮無立錐之土，想種一點地瓜來餬口，只好去找靠近海邊的沙地，這些地方又缺水份，所有的農夫，須用肩力去挑水來澆剛栽下的地瓜苗，才有辦法得活。又這種地方，地質很瘦，須下肥料，才有收穫，那時候金門沒有化學肥料，須靠人工自造肥料，人工自製的肥料，一種是將自家人的大小便儲蓄起來，在戶外挖一個露天的廁所，所有的大小便都儲存在裡面，等到該下肥料的季節，村人的農夫們，才挑到田裡去施肥，讓地瓜得營養而長大。

有些農夫，因所存的大小便不夠用，即到海裡去挑海水倒在廁所裡，再到山上去採一種叫做「土比葉」放進去，混浸一段時間，以這種方法自製肥料，到須下肥的時間，村莊就會看到很多人在挑糞。以那時候，尿與屎都可賣錢，有些農夫，經常挑糞桶到城裡去買屎和尿。

除了人工自製肥料之外，尚有一種是用家畜的大小便做肥料，像自家養豬，豬舍之旁，挖了一個小池缸，將豬放出在舍的大小便沖洗流入缸池內，有的當天挑上山去澆，有的挑到廁所去存放。另有一種是自家養馬、養牛之糞便做肥料。以前金門農村不注意衛生，人畜同住一家，農夫們用馬到海邊去載沙放在牛馬舍裡，牛馬晚上放進去，所有的大小便，被沙吸收，到一段時間，這些牛馬屎尿混沙之後，就是最好的肥料。

除此之外，尙有常見勤勞的人，會到外面去撿肥料，農家的門外，常常看到一個手提的小畚箕和一枝手爬器，他們走往野外，看到牛的大便就帶著牛糞放進廁所，備作肥料之用。還有一些更勤勞的人，常常在很早的晨間，帶著小畚箕和爬子，在村莊的路上，專撿野狗的大便去做肥料。以前的鄉下人，因以農爲生，農家視便糞，認爲這些都是財寶，所以若有看到，絕不放棄，據傳說之所云：「金門西半島某村莊，有一位老先生，他家裡很有錢，在鄰近的村莊，村民都稱他是富翁，而他每天早晨，都起的很早，所有野狗的大便，都給他撿去做肥料了。他因勤又儉，有一天，他到金門街去，買了一包（用紙包）魚要帶回家，走到半路上，看到一堆牛糞，剛好他身上有帶了一個小紙袋，就把牛糞包起來，走進村莊，先到廁所要丟那包牛糞，一時錯誤，把那包魚丟進去，將牛糞帶回家，並放在廚房的灶頭上，還告訴他媳婦去煮一煮。媳婦進了廚房，打開一看，原來是一包牛糞，消息傳出，鬧了民間的笑話。」

講到以前農家的生活，不但勤，而且儉，當時老一輩的父母，教育子女，不准浪費，視廁所之存肥料，即如視飯桶之漿飯，認為廁所肥料滿，家中的飯桶就跟著滿。懶惰的人，廁所空空，飯桶也就空空。在當時日本佔據金門，人民假使沒有那麼積極，沒有那麼勤勞，可能被餓死的人一定會很多。可是金門人的精神，能化不可能為可能，原無法活下去還是照活下去。那時候的處境，金門因出產不夠吃，燃料不夠用，一年至少缺乏三四個月，至於穿的方面，原料要從何而來？求食方面，惟憑勞力勤耕，與大自然大戰鬥；苦盡甘來，才有辦法綿延至今的金門。

談其金門農耕，我那時候，年紀雖小，同樣也是有做過，我的農耕生活，說起來還要比別人特別，原因我家太窮，什麼都沒有。論年齡和能力，我是沒有資格當農夫，為什麼？因為年紀太小，那有本事做大人應做的工作，但因環境之所迫，不行也得行，無力也要盡力，用牛耕地，用肩桃糞，我小時候，就有訓練過，就有做過，雖然重量的負擔，沒有辦法和成人的重量相比，但為了農耕維生，不得不做，不可因年紀小而不會。

女人做家務，男人勤耕田，這是農業社會理所當然之工作，有田有地，有家務可忙的人，在當時，可說是富家之人，而我年小，不但無足夠的工作力量，甚以連田也沒有，家庭用具都沒有，後來有一兩塊小小的沙地，還是母親向堂親買來的，否則，我雖是一位真真正正的金門人，也可以說，是一位窮無立錐之土的歐厝人。

工欲善其事，必先利其器，母親從苦難中置了一兩塊瘦沙地，我也是很賣力的耕種，可是，因窮買不起，家裡沒有養牛，無牛可耕地，也沒有設置犁，只設置了一枝鋤頭，也沒有設置糞桶，想挑糞到田裡去，必須向鄰居借，雖然是有耕種，但無工具，地瓜是不會自己長起來的，所以每當農耕的季節到了，要耕種，無牛要向鄰居借，無犁也要向鄰居借，每當施肥的時間，沒有糞桶可裝屎尿挑到田地去，也必須向鄰居借。鄰居的族親們，他們也是隨時都在使用，向人家常常借東西來使用，我自己也感覺很不好意思，但勢迫無奈，誰叫我家裡要那麼窮，牛也買不起，犁也設不起，糞桶也置不起，原因是因爲無錢才會窮，有錢就不會窮了。當時因窮無法設置工具和養牛可耕作，但人總是要求生求活，雖然做了日本的亡國奴，但金門人的意志很堅強，求生的能力也很堅決，什麼苦都不怕，什麼苦都敢吃，有了當時吃的苦中苦，痛苦過了，時局轉了，也才有今天的金門人。

天地配人事，論金門人，在日據時代有辦法自力更生，此乃天之助也，金門的土地雖瘦、雖小，雖是不適農耕之地，但經常下雨，農夫將地瓜下栽之後，雨水就源源而來，這就是天老爺有慈愛心，所以當時金門的水溝，或是山野的潭邊，到處都有看到水在流。有了金門的勤耕，也有了天老爺的雨助，所以金門人才會活下去。

民以食爲天，在日據時代的金門，人民的生活，根本沒商業，也沒有工業，想做工無工可做，想做生意，只看到金門街的開店人，排了幾件簡單的東西，談不到商店此名堂，有些想做外貿生意的人，只有從金門同安渡頭搭船去廈門，廈門從第五碼頭搭船回金門，金廈之間，來來往往，手上帶了幾斤地瓜粉，幾斤花生米，這樣的做生意，當時人家稱他們叫做「走水的」，這種人，也就是當時做外貿的人。以那時候的金廈人民，金門窮，廈門比金門更窮，原因生意人實在「無法度」，只有往農村去謀生。

在農村，只要有田地，在當時，他們是最有辦法的人，也可以稱他們是有錢人，大家爲求有一碗地瓜吃，住在城裡的人，很喜歡將自己漂亮的女兒嫁到村莊去，而所選擇的目標，她的對象、田種的越多的家戶，她們認爲越可靠，明明知道種田人最辛苦，下種與收穫時期，都要賣命勞動，明明知道凡用水要用桶到井裡去打水，要用肩去挑水，但爲了女兒有地瓜吃，肚子不使餓，所以願意使她們嫁到鄉下去。當時金門的種田人也很有福氣，再漂亮的小姐都要來嫁給他。

在當時，做農夫的人，雖然勞苦的耕種，可以混到一碗地瓜可塡飽，但在時局的環境下，稍不注意，亦會馬上變成沒有地瓜可塡肚，爲什麼？因爲日據時代，金門抽鴉片的人很多，這些人當他們無錢可買鴉片時，就會利用深夜去偷，一夜之間，會使全家人餓死。生長在那時期的人，每天晚上，都要到山上去睡覺、去看顧他們的地瓜園。關於這件事情，我小時候，也是睡在山上。要知詳情，請參考民國九十三年八月二十三日，金門日報的副刊，我有寫了一篇「蕃薯田守夜追記」，就可知道日據時代的金門農民生活。

當農夫，種田人，實在是足苦，白天忙耕種，晚上要守田園，一天二十四小時，都沒有自己可以休閒的時候，白天要忙，晚上也要忙，下種期到也要忙，收穫期來也要忙，從早到晚，忙下種，忙施肥，忙收穫，天氣再熱，氣候再冷，都無法偷懶一下。而且所做的工作，都是用勞力的，肩要挑，手要拿，腳要動，滿身汗水，全部精力，都獻出去了，有些農民，一家人還是吃不飽，你想，當日本管金門的時候，我們是人嗎？從此可想，異國之侵，就是拚死了，也是比活的更好。

從當時的工作情形來看，日本人對待金門人，不但做人辛苦，做牛也辛苦，因牛每天都要陪人幫助耕田，做馬也辛苦，馬經常要幫農夫載海沙和拖肥料，運收穫之穀物。

由當時耕種之感想，今往作比，天地之別，現在的農民，工作之餘暇，尚有康樂活動，有電影看、有電視看、有卡拉ＯＫ可唱歌、有各種的運動與活動，以前的農民，只有勞動，而無康樂活動，在當時的農民，名義是人，其實，和牛馬差不多。至於食衣住行，那更無法對比，以前生活如牛馬，現在不但食衣住行之富足，還有育樂之享受。以前想要肚子飽，就要費盡心力，時刻不休，還沒有辦法得到溫飽。同樣是一個金門島，而因兩個時代之不同，同樣是有政府，而因一個是僞，一個是真，所以才會造出兩種不同的生活。

至於土地，只是用法不同，同樣都是寸土寸金，現在的台北市，因人口集中，高樓大廈林立，爲了找地建築，眾有所求，地少人多，自然而然，就會造成寸土寸金的台北市。其實，金門的土地，亦是寸土寸金，在日據時代的金門土地，爲了找地種地瓜，再小的沙地，都有人去開墾種植，所以造成當時的金門土地，也是寸土寸金。總之，人爲生活，必須經營，日據時代，金門以勤耕而生。

浯江煙魔

當我小時候，日本政府統治金門，鴉片不但未禁止，還鼓勵老百姓種植鴉片，抽鴉片，當時鴉片買賣是公開化的，日本政府訂下很多管制規矩，若有人私存鴉片，或做地下鴉片買賣，被日本政府發現，他們的處置手段是嚴酷無人性的！一旦被抓到，他們會把你吊在公共場所，然後集合全村的村民，在眾人面前用扁擔或大木棍用力的打，殺一儆百，以杜絕有人私留鴉片。

日僞政府企圖以華治華，鼓勵老百姓種植鴉片，抽鴉片、開鴉片館，其目的就是要瓦解中國人的鬥志，只要一染上鴉片癮，他們就可操縱、掌控一切。

小時候我曾進過鴉片館，記得館中光線昏暗，鴉片床中央擺著一盞小小的油燈，抽鴉片的人就躺臥在燈旁，托著一支約三十公分長的鴉片管，管上端裝了一個鴉片筒，中間有一個小洞供裝鴉片用，抽鴉片前，得先將鴉片放在油燈上燒，燒好了才放入鴉片筒內開始抽。高級的鴉片館，還會有小姐專司服務，幫你燒鴉片，侍候你抽鴉片，那種心迷、情迷、煙迷情況，年輕人很容易受迷。當時我年紀小不懂，及今想來，深覺日本僞政府的侵略陰謀，無窮至極！

當時民間種植鴉片，所得的利益並不高，因爲賣給日僞政府的價錢很便宜，私下偷留鴉片雖可賣得高價，可是若被發現就慘遭嚴辦，人民生活真是苦不堪言。

談到種鴉片和收穫鴉片，是要費一番大功夫。從播種子開始，得注意幼苗是否太密了，太密就要拔除一些，每天要澆水，經常要施肥，還要注意是否有蟲害，過了一兩個月以後，慢慢的長高了。到開花結果時，日本政府官員，就會派人來量所種的面積，還要分等第，村莊的農夫，對那些測量者必恭必敬，想盡辦法，巴結他們，希望他們能手下留情，不要把等第報得太好，免得使日本人懷疑有偷留鴉片的嫌疑。到了快收穫的時期，也就是冬春交接之際，家家戶戶，開始準備收穫的工具，訂做一種齒狀的小勾子，備妥小鐮刀和小杯子。收穫的時期到了，每天傍晚，農夫扶老攜幼到鴉片園去，大家拿著小銀勾，割破鴉片莖上端的果球表皮，一粒一粒的割，全部割好了就回家，隔天早上，趁太陽還沒有出來，再到鴉片園去，用小鐮刀把流出來的鴉片膏弄進小銀杯裡。最好收成的天氣是霧天，因爲霧含水份，很好拿，膏不會粘在果球皮上。一小桶一小桶集合起來，然後帶回家曬太陽。陽光熱度太強不行，熱度不夠也不行，太強的陽光，鴉片膏會溶化，陽光太弱則曬不乾。從播種到收成，都要花很大的心神。

我小時候看到金門家家戶戶都在種鴉片，目力所及，每個村莊都是一片鴉片田，我家當然也有種，而且外祖父也抽鴉片，我永遠忘不了外祖父臨死時驚心動魄的一幕。

外祖父抽鴉片和一般人不一樣，別人患鴉片癮會傾家蕩產，我外祖父患鴉片癮在最後是絕食犧牲自己，他是村內有名望的人，村裡大小事情，都會去請教他。外祖父爲消除鴉片癮而生重病時，坐也不是，臥也不是，覺德也睡不著，口唾不斷的流，他的內臟和四肢，沒有一處是安穩的。我母親和外婆全家人守護在他身邊照顧，他睜著大眼睛，咬著牙根看著我們，看他那痛苦的表情，我母親哭了，我站在旁邊也跟著哭了，小舅父及全家人都跟著哭了。

外祖父生病時，見我母親晝夜守護不休，他感動了，說出臨終言：「你是孝女，將來一定會出好子孫」。原先我家庭環境雖然貧窮，但後來幾位孩子卻很有志氣，足以印證──「百善孝爲先」。他病重時，家人想盡辦法取得鴉片要給他抽，外祖父說來不及了，距絕再抽，決心忍受痛苦，結束了他的煙魘人生。後來親族未再被引誘而步入鴉片迷徑，可以說是外祖父忍著痛苦，犧牲自己，所授之教育而得成的。

至於我自己，也曾經歷一場煙魘。有一次，我替伯母帶了四兩私留下來的鴉片，拿去賣給秘密商，因爲我去得太晚，秘密商已經把各賣主所委託的鴉片，帶進城去轉售了，所以那四兩沒有賣成，我只好又帶回還給伯母。到了第二天，消息傳來，那位秘密商，把別人委託賣的鴉片錢，拿去賭場去賭，全部輸光了，回家後就投井自殺了。那些日本官員，不知道我這個小孩子，也會做鴉片的地下買賣，所以我沒有被捉去吊起來拷打，如今想來，當時真是人小命大，真幸運！

小時候，我看過很多抽鴉片的人，原本家境富裕，後來有了鴉片癮，家產都敗光了，所以現在每當看見向毒品說「不」這句話，我都會想起過往一段浯江煙魔，深刻體認，「沒有國家就沒有幸福的人生」，反觀現代一些青少年，懞懞懂懂投入毒品懷抱，葬送大好前程，實在讓人拒嘆不已，但願，每個人都能大聲的向毒品說——『不』。

牽罟憶往

余閱金門日報的九十三年十一月十五日「地方新聞四」那篇，即引起我想到小時在家鄉歐厝，也有做過牽罟的工作。后湖村和歐厝村都是鄰村，同樣是村莊靠海邊，每年夏天，這些有沙灘的海岸，都很熱鬧，各村都有設牽罟的工具，尤其后湖村較多。當時牽罟的人，不是爲娛樂而去，而是爲生活而去，因當時民間的生活很苦，都是靠勞動而求生，除陸地種地瓜和蔬菜外，也有靠捉魚來補貼，當時沒有人設遠洋或近海之漁船，只有設小船和網而牽罟。

兒童之力，雖然弱小，而牽罟此務，是多人之合力而拉之。我小時候，家庭貧苦，故亦參加牽罟一職。原此職之期，並非整年，也非全金門島之海邊都可設此業，島之西北邊，等於內海，有泥土質，而無沙質，適於產海蚵等海產，如古寧頭等村莊就是。島之南邊，海邊崖石，也不適於牽罟之務，如古崗、舊金城、前水頭等村莊就是。島之東岸，海灘是沙地，最適牽罟之務。

東岸海灘，雖適牽罟，但因風大浪高，四季之中，惟夏季最適合牽罟之季節。每年夏天，海外之魚群，經常會靠岸來游，這些設有牽罟具之老闆，即會向村人招兵買馬，請大家動員去圍海捉魚。

當天快要亮之前，牽罟老闆，就會到各家各戶去敲門，誰要牽罟的請起床。當時我年紀雖小，但乃有入圍的條件，聽叫之後，就起身跟走，到了海邊，見那沙灘平靜，聽那海浪微聲，看那太陽剛剛要從東邊海底下要跑出來，反映著海水的景色，五花色彩，非常美麗，當時年紀雖小，還懂得欣賞大自然之美。等同伴都到齊了，有的去扛船下水，有的去抬網，有的去拿大繩子，分工合作，把用具都搬到船上去，繩子有一頭留在岸邊，一頭跟上那些上船的人帶走，留在岸邊這些人，當中有一個捉魚有經驗的，要和船上一個有經驗的（稱爲「大公」）用搖手作連絡。若有看到魚群，搖船的速度會加快，網也會很快往海裡放，岸上拉繩子這一批人，也會配合船上的快慢，雙管旗下，若是圍到魚群，兩頭將網拉的快要上岸那時刻，大家會特別賣力，特別高興，同時也會大聲的喊叫。可是，圍到魚群的機會並不多，若真的圍到了，老闆就發大財了。

其實，牽罟，並不是像報紙上所說的娛樂片，而是爲生活到炎夏的太陽下辛苦的工作，夏季，天氣那麼熱，昨晚睡眠也不足，早餐又還沒吃，工作又那麼忙，有在陸上的工作，也有在海水裡的工作，有乾的熱的，有濕的冷的，靠在海水作業，戴著斗笠，打著赤腳，穿著短褲，有時要泡在水裡，有時要在熱沙邊等候，這些打魚人，爲了要賺幾塊錢，天氣再熱，也不敢偷懶。海灘，又不是樹下，你要到那裡去休息，你要到那裡去乘涼？

至於工資的分發，是依取魚賣出之數量作分配，魚抓多分多，魚抓少分少，每期結帳一次，工資也有分等第，每人的工作角色不相同，所分的錢數也不一樣，大概是老闆先得一半，另一半由大家分，大家之中，又分「大公」的，上船的、拉網的……等等，不外乎是分爲大股、中股、小股、小孩子只有半股。

中午，要輪流回家挑飯到海灘吃，負責挑飯的人，要到所分配人的家裡去拿飯，要經過一段沙地的路，因無鞋子可穿，沙被太陽曬的很燙，熱度很高，要過那段路程，因打赤腳，腳底被燙的如在鍋中煎，非常難受，在岸邊等吃飯的人，他們的身體，也是被太陽曬的黑黑，有些因沒穿上衣，連皮膚都起泡了，從這些證明，牽罟不是娛樂，也不是好玩的。

此段時間的工作者，因是勞動，大家的吃量也特別大，一般看來，一人的飯量，等於要吃平時量三人的飯量才夠飽，也可以說，凡勞動者一定是大吃王。

在報紙上，有一段記載如：「今年三月，各級學校的馬拉松接力賽就移師到沙灘上進行比賽，本來有機會再邀請到國際馬拉松賽好手來金門沙灘表演比賽，吸引更多世界媒體來報導，以吸引更多國際觀光客來金旅遊」。從此段話，我又想到在日據時代，日本僞政府，有一年在廈門舉辦一次大規模的馬拉松比賽，參加的有香港的、有廈門的、有金門的，凡是日本所占領之地都有派員參加，那一次的比賽，得第一名是歐陽良軒（金門歐厝人），第二名是薛永作（金門珠山人），第三名是楊荷知（金門湖下人，可能是土名）。在當時，一二三名者被我們金門拿回來，在比賽之前，因爲他們平日的生活，都要做一些與跑步有關的工作。

以歐陽良軒爲證，他經常從歐厝跑沙灘路到昔果山那地帶去取釣魚之魚餌，經常跑，跑軟沙地再來跑硬土地，完全不一樣，跑軟沙地之後再來跑硬土的地一定是輕飄飄的，所以到廈門比賽的那一天，他跑步比走路還輕鬆。原因是他平日所做的工作一取魚餌，是要配合潮水下海，當時也沒有車子可坐，也沒有其他的交通工具可代替，所走的路，也不是公路，只是沙灘之行，沙灘路最不好走，原本不好走，又要趕時間，只有用跑的，一次跑、兩次跑、天天跑，跑久了，認爲跑沙灘地，並不會比跑硬土路苦。而從來沒有走過沙灘軟地的人，想要前進快速，不是體力很強的人，是會患上心有餘而力不足，所以走沙地的人，他的腳力，一定會比較有力量。

歐陽良軒，他那時候的家庭生活，是以農夫兼魚夫，（是釣魚）除了每天要到山上勞動外，也要兼往海工作，由生活來磨練他的體力，尤其腳力，怎麼走、怎麼跑，一點都不會痠，也不會痛，所以比賽上跑道，易如反掌，非常輕鬆，薛、楊兩位齊往參加的金門人，他們平日的生活，也是以農維生，原本都是有先天強壯的體格，再加上平日勞動之磨練，所以出席比賽的那一天，也得優返鄉。

在當時，參加比賽，香港那些運動員，聽說是很強，又他們的各種條件，無論是人際方面、經濟方面、地緣方面，樣樣都是比金門強，至於下場穿著之外表，我們金門是農村之民，不會做外表工作，一切都是實實在在，連運動員進入賽場也不例外。他們穿的是美麗大方的衣服，運動鞋合國際標準的鞋子，我們金門的運動員所穿的是粗布衣，根本沒有鞋子穿，用打赤腳上跑道，有勢利眼的人，根本瞧不起我們金門運動員，所以在比賽之前，他們在心目中，已經排定了勝負的列名了。當然是以香港排第一名，金門被排在最後一名。其實，人不可貌相，海水不可斗量，不到最後，怎麼可以決定勝負呢？進場開始，在前幾圈，香港隊都是跑在前，觀眾更加決定香港隊第一名，而金門那三位戰將，是採用以實力鬥虛力，只跟在後，也不衝前，香港隊害怕被衝過，更加拚命跑，在後面的金門隊，雖馬上可以衝過，但故意裝衝不過，其目的是要迫他們快耗體力，等他們力都用盡了，才開始前衝，這時，香港隊想防守，也守不著了。當圈數和時間快到終點的那刻，金門隊表現特別顯明，一圈一圈的進，一個一個的衝過去，外面的觀眾，看的很過癮，拚命鼓掌，拚命喊加油。歐陽良軒在跑中頭轉後看對方，不小心跌倒，爬起來再跑，結果，他跑第一名，接下第二名和第三名也是我們金門隊的。

余閱報有感，要牽罟來吸引觀光客，這是一件很理想的想法，但話說回來，這只可以做一個點，不能做整面，因金門風沙大，海浪也高，一年四季，只有夏季適合做此工作，我們也不可以請觀光客們夏季才可以來。若是其他季節，有觀光客來金門，這個活動項目，就不能列進去。尤其廣告，更要以確實能做的到才可以說出去，也才能保持金門古傳下來的誠信。

好比在要請客之前，廚房一定要先準備東西，否則，客人來了，你沒有東西給人家吃，你內心的感受會如何？現在，我也來參加一點意見，金門吸引觀光客，季節性的點，除了東海岸牽罟外，還有沿海之岸，從歐厝村到珠山村那一帶，有無數的林木，假使能將掉下的樹葉拿掉，走進裡面，地上是白沙，樹上是綠葉，白綠對映，其美無比。走向外看，海景之美，也可吸引觀光客之心情。

至於發展金門觀光事業，應從遠處去想，從近中著手，記得我童年，日本在金門，也有辦過供人共賞的項目，那就是金城菜市場的東南方，也是現在的警察局、縣議會、自來水廠那一地帶，有開闢了一個賽馬場。每當舉辦的時候，都是人山人海，前往參觀。像這種項目，也可參考使用。

金門地方，雖然是小，但假使能做到觀光客玩不完的項目，有無數的遊樂場所，觀光客自然會從遠而來。

從回想作歸納，許記者之意，因時代與背景完全不相同，古人是為生活而牽罟，現在是為快樂擁抱海洋、為創造觀光賣點帶動金門經濟生機而牽罟。

金門古崗的回憶

在金門島上靠近西南方的海邊，有一個村莊，村名叫古崗村，我與該村的淵源，非常關連，爲了追懷，民國九十三年十二月十三日下午，我從家鄉歐厝，騎了一部機車，經往賢庵國小再到古城國小。這些學校，原本是我有服務過的學校，今天到校參觀，雖然人事有變遷，但走一下，也是自慰懷舊之心情。

古城國小，原本是古崗小學，而因古崗和舊金城兩個自然村合併爲一個行政村，所以政府就另找其地，重新再建新校舍，才有今日的古城國小（因行政村是古城村）。

談到古崗村莊和該村的學校，在我腦海裡，有生之年，永不遺忘。因我五歲喪父，母親攜我住外祖父母家，幼時之我，可以說生我者是金門歐厝歐陽家的親骨肉，養我長大者是金門古崗董家的親血緣。到了我長大，我又娶了古崗董家村女爲妻，我對該村的淵源更深刻，因爲我在該村，有多種的關係，是該村董家的外甥，也是該村董家的女婿，於幼時，在該村董家所辦的學校讀過書，到長大，在該村的學校教過書。在生活上，小時與該村的小朋友玩過遊戲，我還記得，初學游泳，就是和古崗村的小朋友一齊跑到古崗湖去學，那時候的家長，極力反對小孩到湖裡去游泳，所以小朋友們都是採用密約偷偷而去。而家長的追蹤，也很嚴緊，被發現後，即被趕回，有的被罵，有的被打，甚至有的家長把孩子放在湖岸上的衣服都拿走了，並拿著一枝竹子在手上，要趕他的孩子回家，這時候，小孩子沒有衣服穿，又怕被打，造成了一跑一追，看了此情景，比現在看電視上所播出那些寫真集片的銀幕更精彩。

那個村莊，有我的長輩，有我的平輩，有我的同學，有我的同事，也有我的學生。我走到學校，也走遍了村莊，第一先要找的，是要找我的長輩，尋找之間，所走過之路，見了村莊之建設，新屋之增添，心情是愉快的，但想起了找不到長輩，我的心情就變痛苦了。最疼我的外祖父、外祖母、舅父和舅母、岳父和岳母，他們都搬家了，他們搬到很遠很遠的西天去住，他們也永遠不再回來了。只有小舅父和小舅母及姨媽們，搬到比較近一點，有的住在新加坡，有的住在香港，有的出嫁後另組家族，分居海外及大陸各處。至於表弟表妹，有之奔波四海，各營其業，家在村莊的商店，這些商店，與金門街的大商人頗有交情，彼此之交往，完全都是信義之往來，至後，事久見真心，商人也相信他，村民也相信他。於無形中，變成了服務就是權威，從此可證，凡是有正義、有信義、有肯服務的人，必可獲得眾望所歸。

當時的三朝，是分佈住在不同的村莊，且字姓亦不一樣，即是住古崗村的是姓董，住珠山村是姓薛，住水頭村的是姓黃和姓陳。那三朝就是古崗朝嘉，珠山朝金，和水頭朝根。這三朝就是當時很有名望的人。

我讀小學，原本是在古崗小學就讀，那時候的校址，不是現在古城國小的地方，而是在董家祠堂左旁蓋了一棟二層樓的學校，學校的左邊，就是我外祖父的家，因太鄰近，所以上學和放學路程，非常方便。但想不到，當我要進高年級那一年，歐厝村和古崗村，爲了公產禁海的事，兩村鄉老，發生磨擦，雙方執意，感情不睦，歐厝鄉老，令我必須立即返回家鄉金獅小學就讀，不准在古崗小學就讀。以當時農業社會的鄉老，所出之言，就是法律，我受到那種出似軍令如山召回，使母親和我，回家之後，受其無米無油無鹽之痛苦，過其闢潭邊，種蕃薯栽小菜，奮鬥營生。又當時之金獅小學，乃是華僑之資助，初期成立，尚未設有高級班，鄉老意氣用事，因恐我再到古崗小學讀高級班，又校長是聘同宗的，即令他必須爲我開一班，所以我在金獅小學讀高年級，是一個班級只有一個學生。那個學生就是我。余在家鄉的私立金獅小學，高年級讀了一年餘，就以同等學歷，考上金門中學，也是歐厝村當時第一個的中學生，爲了讀中學，我母親吃了不少的苦。其時我的家庭環境，雖然惡劣，而母親爲使我讀書，即以勤勞經營、節食儉用，供我就學。

至我長大，由校踏進社會，初期受遭，計有數次，直到由公職轉入教育界，適逢金門「八二三」砲戰狂風暴雨剛停，天氣初晴之時刻，此時金門戰爭雖稍暫停，而局勢之緊張，金門當時乃是颱風眼。古崗此地，凡有砲戰，必受災殃，原因周圍，都是陣地。砲戰之時，雙方互找目標，當時的古崗村，可以說是最危險的地方。所以原有之古崗小學，都遷址到歐厝村的民屋上課，校名是金門縣金山中心國校，余乃該校教師之一，古崗地方家長，為使學童路上安全及上學早晚方便，即提議古崗村乃須設一分校，經議決通過，即派我到古崗村去當分校主任。在當時各老師，都怕危險，也無人要去，我為了討一碗飯吃，只好冒險而往，當時見其慘情，我曾經於民國八十六年，十一月十三日，星期四，台灣新聞報西子灣副刊第三十二版寫上一篇「雙日小學」，將所見感，所經過之情形都說出來了。

至於後來的轉期，由古崗小學轉變為古城國小，那已經再過了很長的時間了，直到民國五十三年八月，我隨校長之調動，由新湖國小調到古城國小來。到此校，我是擔任總務主任，任此務，吃了不少苦，因為當時學校有很多工程要做，其中有學校門前要舖洋灰路，最嚴重的，學校的後面要建築六座防空砲洞，依規定，要建特別加強的洞，當時政府只發一兩千包的洋灰和幾千公斤的鋼筋，其他的事，一概不管，也沒有石子，也沒有沙，也沒有工資，也沒有工具，什麼都沒有，要你自己去想辦法，他把洋灰送給你，無論什麼都是你的，他只有負責時間到就要來驗收，有功，縣政府要拿，有過，要追究承辦人員，像這種工作，就是俗語所說的：「有功無賞，打破要賠」，誰接任，誰就倒霉。而我當時的命運，就是一個大傻人。更可怕的，洋灰運來無處放，放了又怕被人偷，放久不做洋灰又會壞，這個社會，經一事，長一智，要不是我當時很謹慎，處其事只用耿直，不敢狡猾，憑公處事，也不怕得罪人，在個人的行爲，也非常檢點。記得我家也在建防空洞，上級發下來的洋灰，批條子叫我到古城國小去領，我怕被嫌，立即叫批發者更改別的庫存。許多地方，要不是隨即注意，可能會患一失足而成千古恨。

不過，話說回來，我在古崗，無論人緣地緣，非常密切，事之進行，都有我的人，有的明幫，有的暗助，沒有石子，我找地方上有名望的人，沒有沙子，我也是找他們，沒有工人，我還是找他們，他們把我這擔重任的工作，就是他們的工作。有他們之助，使我大膽，放心，盡力去做。又當時的行政村的村長是陳宗倫舊金城的人，兩自然村雙配之下，以地方行政力量，配合地方有名望的人，共同努力的做，終於把艱苦的工程，很順利的完成起來。憶前思後，我這一生，古崗人幫助我很大，也是我的大恩人。

此次返鄉，余以舊地重遊，往觀學校，也看村莊，所見之老人，有之頭髮白，有之皺紋多，看起來很面熟，但又不敢馬上認，經再詳看一下，各自報出名字來，彼此就互相認出來了，並彼此互相談出童年的回憶，以前是活潑的兒童，現在變成了阿公阿婆了，以前是天真到處跑跳，現在是穩重靜坐，能見到舊地的老友，可以說比什麼都可貴，因此就多聊起來了，彼此問東問西，問了家庭，問了子孫有多少，問了身體健康如何，問了經濟用度之詳情，本來人老了就會怪，老人老怪，越老越怪，但有幾十年無見面的老人聊談之心情，一點都不會怪。

這邊走過，再走那邊，遇到年輕者，他跟我打招呼，他認得我，我認不得他，經他自我介紹，原來他是我教過的學生。人老了，就會健忘，有很多過去的事，臨時都想不起來。

當我走到小古崗時，與大古崗相比，這個地方，舊地之舊屋，不作建新，而欲另找外圍之地，從頭新建，問他何由，他們說：舊屋是「祖公業」，難以分平，向外圍自建，既免紛爭，又可自主，房屋又大，住之樂爽，因之，大家都要往外圍自建，由於自建增加，所以小古崗的村圍也繁榮起來了。

金門的古崗村，是我童年的住家，這邊，也有名勝古跡，我小時，常看到有很多人來參觀古城國小旁邊的魯王墓，也參觀了小古崗旁的古崗湖，先總統蔣公在世時，也常跑到這裡來，以前此村的曬穀場都是泥土地，經他暗示之後，小古崗的曬穀場就變成了洋灰地，同時，古崗湖也建了一棟供參觀者休息的兩層樓。此次之來，惟最可惜，即找不到童年最疼愛我的長輩們。

憶我任教

余小時環境惡劣，從苦難中勉強求學，至初中畢業時，金門中學有附設簡師科，余即參加投考，於發榜時，乃得正取第三名，閱榜之時，心情喜悅，至返家時，聞鄉人及友戚對投考教師之評價，簡直是一毛不值，因當時教師之待遇，非常薄祿，諸認爲走此徑是窮途末路，死路一條，走進之後，永不超生，又當時之家境，也無有見識的好父兄可以指點我之實況，余就去請教老師，師徒之情，尙不贊同我去讀師範。因之，余即糊糊塗塗，也不考慮自己是一個母子相依爲命，家庭生活是處於無依無靠的惡劣環境，論實況，當時去讀簡師科，出來當一個小學老師，可以說是最適合我的處境。但因當時毫無經驗，也無幕後的指點人，也沒有想到家裡有沒有飯吃，一時衝動，放去了簡師錄取之名，重新再考金門高中。

意想不到，高中讀了兩年之後，家庭確實無米、無油、無鹽，基於無法生活之環境下，只好暫請休學，先找工作再作打算延後畢業。也很巧，那一年也是民國四十三年「九三」砲戰的時刻，想找工作，人浮於事，位置困難。因之，暫停學業，換個失業。又那時候的金門民防組織之規定，凡非公教人員，必須編入民防隊參加戰鬥，我與宗親歐陽鍾禁，兩人同病相憐，爲了避一時的民防操練，就去參加金門的保安人員的訓練，當時最紅的劉軍事科長，雖然很注意替我們兩位找工作，但因名額有限，還是找不到工作。兩人只好先到家鄉的沙鷗國小去當義教。

在義教中，雖然無薪，但工作還是很認真，所表現的成績也是很好。縣府抽考，乃得全縣第二名，而因生活所迫，這樣下去，也不是辦法，而想突圍，又衝不出去，以當時的心情既痛苦又須忍耐。在宗親的族譜，歐陽鍾禁的輩份比我高，論輩份，我要叫他鍾禁叔，論工作，同樣是義務教師，論職業，同樣是失業者，我們兩人，因是同病相憐，兩人感情很好，遇有積悶，都會互相安慰。他爲了要找出路，就到了軍中去服務，我本來也想去，但因家中，只有一個老母親，所以我無法到軍中去。

在沙鷗國小，所任之務，並無薪水，全是義務，於當年（民國四十三年）十二月，湖前國小陳師德輝調升校長，所留一缺，縣府即派我去充當，余以爲從今之後，可有一份教職謀生，意想不到，兩個月後的下學期湖前國小的黃達生校長，親往縣府文教科，欲續聘歐陽揚明老師。然我命運不佳，那一季縣府因缺經費，全縣裁員八名，我被列爲必裁之一，翌年（民國四十四年），我又再失業了，這個時候，我回到家裡，又再到我家隔壁的沙鷗國小續當義教。

義務教師將滿一年，於民國四十四年十二月十六日金山鄉公所有一位工友騎著腳踏車到學校來，叫我馬上到鄉公所去，我也不知道叫我去幹什麼，學校功課雖然很忙，但他說：「有人要與你面談事情」。我就向志哲借自行車騎去。

到了鄉公所，看到董鄉長陪著鄭植芳特派員和縣主委在辦公室，由董鄉長先作介紹，鄭特派員即叫我馬上寫履歷表，到我寫好交給他，他對我說：「下週開始要到縣委會見習兩週，才派任民衆服務站的主任，每月薪水四百元，成績佳可再加薪。」言畢，即動身上車回去。此時，余在鄉公所與鄉長及主委座談，自感經驗與學識，認爲不夠，恐難勝任，但經他們的鼓勵，余才大膽而試。

本來我是一個沒有職業的可憐人，現在，我得了鄭特派員的愛護金門青年，我的家庭生活，從那一天起，我是得救了。他的大恩大德，我一輩子，永不遺忘。在工作上，我亦是全力以赴，在我任內之工作，於金山鄉，民衆服務站的工作，我掌握著天時、地利，又人和，重視政治綜合小組之運轉，所以當時的工作，可以說做的有聲有色，頗得各方之滿意。

以當時的金門軍政實況，當然是以軍爲主，一切都是軍事第一，但權責之分配，金門仍是黨政軍分開，當時金門有三巨頭，一位管黨務，一位管政務，一位管軍事。黨務工作是鄭特派員所管，政務工作是由戴仲玉所管（福建省主席），軍事工作是由劉司令官玉章所管，其時最主要之任務，中央的政策，先把金門守著最重要。劉將軍雖然是一位打仗有名的虎將，但在以黨領政，以黨領軍之政策下，鄭特派員等於直達中央的權能。因此之情，劉司令官對他凡有商酌之事都是很客氣。惟因時局所需，中央經再三之討論，金門要打勝仗，必須實施黨政軍一元化，經決策後，鄭先生的特派員職務，就轉交給劉玉章將軍兼任。

據我所聞，鄭先生的計畫是依胡璉將軍之策略（因他是接任胡將軍的特派員缺），是要培養一批金門青年，但因時局有變，職務有遷，致所策劃，亦隨有轉，又是金門是居於打仗的時局，所以鄭先生雖有胡璉將軍的金門理想要做，但還是一個夢。

話說本題，我是爲吃飯而找工作，原考入簡師而不讀，自討苦吃，找無工作，臨當義教，由義教取得補缺，得了補缺，即遇裁員，受裁之後，又當義教，於義教中，獲得救星，取得一份爲社會服務的工作，計有三年多的工作中，雖然成績不錯，但因與金門酒廠的葉常委不睦，被調小金門去，一時意志堅定，不再拖延，堅持辭職，致有再遇失業之嚐味。直到民國四十七年「八二三」砲戰後，金門狂風暴雨剛過，天氣初晴的時局，有錢人都紛紛往台疏遷，惟我因是窮光蛋的人，只有乘此謀職，才找到一位原本不理想是窮途末路，死路一條，走進之後，永不超生的教師工作。在糊塗的理想中，原先認爲那份工作不可觸，現在認爲這份工作是我的生命根。

憶我任教，說來話長，因非師範生，想任教不合格，入門之初，先任義教，再做代課，由代課進代用，由代用再進修師範課程，由進修師範課程，再參加檢定考試。得了檢定考試合格後，想找一位受聘的位置，每學期每學年，都要將這份教書匠挑出去賣，在人家的門口，等著買主要出來，看到買主出來了，還要察言觀色，看看人家今天心情好不好，求得人家的同意，才有辦法得到一份糊口的工作，以那時候的金門教師，只可稱謂是教書匠，那有人家會尊重，爲了吃飯，做這份工作的人，那有尊嚴。

以當時金門縣政府各科室的主管，因金門的人才尙未培養出來，只有一位人事室的主任是真正金門後盤山人，其他各科室的主管都是外省或外縣人，於找工作中，牽親牽戚，拉攏關係，造成幫派，這也是人之常情，不足有奇，然我們的金門人，性格一向大公無私，不會偏向，以人事王主任爲證，凡用人之作法，都以人事法規爲依據，絕不會濫用職權，而偏鄉親，以我個人與他的關係，在革命實踐研究院受訓時，我們是同期、同班，還同一個課桌椅的同學，於失業時，我沒有去找過他，因爲他完全都是依法規簽呈派任，找也沒有用。至於王主任，做人很誠實，做事很細心，所有的作法，都是一步一腳印，不會亂來，惟因他的學歷，只有實力，而無高學歷的文憑，因之，常受文教科欲濫私權的會公文而諷刺。

在當時，搶飯吃的人很多，若是某校有一個教師缺，欲找人補缺，於爭搶中，一位是在地的金門人，一位是外來寄居的金門，兩人的學歷、能力，所有的條件都是相等，甚以那位金門人會比他強，但上級的選擇，還是那位外來的列優先，爲什麼？他們的看法與作法，認爲金門人有地瓜吃，外來的沒有飯吃不行，所以，當時的金門人吃虧很大，殊不知有的金門人連地瓜葉吃都沒。

沒有飯吃是小事，而最痛苦的是精神上沒有寄託，以當時失業之時段，我與族親歐陽鍾禁（在金中大家叫他歐陽水禁，他的頭特別大），兩人去當義教，還得不到行政人員的同情，將我們兩人再編入民防組訓，當時之規定，凡非公教人員，無論出操、做工，配合軍方之行動，樣樣都要找民防隊員，將這些人當爲是無知識的人，可以拿來當奴隸用。記得於民國四十三年某天，我與鍾禁叔，正在上課的時候，接到鄉公所的通知，他們所裡要建防空洞，鋼筋和水泥，是上級補助，工資與沙石，分配給民防隊員負責，說我們兩人沒有交沙石和工資，叫我們馬上要到鄉公所報到，我們兩人就向學校請假，馬上就去了。到達之後，陳軍事幹事，準備一個房間，要把我們送進去關，我們兩人就和他大吵，陳幹事就用威脅的，要把我們送到縣府軍事科用軍法來辦。我們兩人就合力拉他，趕快到軍事科去，其實他不知道，軍事科長，原本在替我們兩位找無工作已經很傷腦筋了（因爲我倆是參加受訓的保安人員）。陳軍事幹事看到我們很不對頭，就趕快去請副鄉長來調解。

過了一天，我們就寫信給保安幹訓班班主任李德廉，以化名的身份寫給他，再經數日，全鄉民防隊集合點名，地點是現在賢庵國小的大操場（當時此地尚未建校）。點到我的名字，我沒有去集合，軍事科人員說：「歐陽揚明是老師，可免參加你們集合」。

爲了生活，一生遭遇，旋旋而過，於戰亂之金門家鄉，直到「八二三」砲戰後，乘其人跑我不跑，有錢人遷台，窮人固守找職。由同班同學董群安黃根培於民國四十八年元月十三日至我家座談之互勉，大家就找到了一份教界之職業，並以如軍方之隨營補習，吾等是以隨教進修，原非師範本科，而經層行進修，當時不讀簡師，到後來，還是從高中再轉讀普師，由普師再進修師專畢業後，才得到職業的安定。至民國七十年余以積點調台服務，與一批的金門同鄉們，無論在教界、在政界，均得服務單位一般的好評，讚美金門精神。

柏村國小的回顧

民國九十三年十二月一日，當天下午三時五十分，余搭遠東航空公司的班機返家鄉，主要的目的，是爲參加本宗歐陽祠堂奠安祭拜祖先，回家的時間，計有十四天，十四天當中，我有安排了許多自己的生活活動，其中有一項，是要回顧我們前在金門所服務過的學校。現在，先來談一談我服務過的柏村國小。

欲談之前，應先了解來龍去脈，就以校名之來源而言，金門以前很多村莊的學校，雖然有自己村人亂編名，但沒有像樣的學校，有的用祠堂做學校，有的用民屋做學校，除了很少數村莊有僑匯捐獻興建外，大多數都是克難暫用，甚以聘私塾師，用古式的教學法。我還記得，當我讀小學的時候，有些學校，除該村有僑資助及有公產外，任教的老師沒有飯吃，要學生輪流拿飯養老師，這種以生養師，原因是當時政府沒有發薪水給老師，也沒有編入預算，是由地方上自行設法。直到國民政府退守台澎金馬之後，初期因兵慌馬亂，尚是如舊，後來，政府重視教育，老師才有薪水，但也不多。

從老師有薪水之後，金門由戰地司令官胡璉將軍的發起，金門要有正式的學校，但民間還是窮，無法自建，後來由軍方之補助，每師建一校，從那時候，金門建了很多學校，校名就是以興建的人立名，柏村國小，就是郝柏村將軍所建的。

民國四十九年八月，我與內人，奉派擔任柏村國小教師，初到之期，因是剛建，四周環境，尚未就緒，學校設備，也很簡單，只有校舍與學生之課桌椅，暫可供師生住與坐，佈置方面，都要從起步做起，校區地面，未舖柏油，飛塵滿天，遇到雨天、低窪地面，亦會積水。各教室雖尚未佈置，而有新學校，與以往作比，總比用祠堂或民屋做教室好上幾百倍。

該校地址，尚算偏野地方，又當時金門之交通，也很不方便。回憶民國四十九年，十一月二十日，是星期日、我與內人，由料羅要回家到歐厝看老母親，須先用走路到山外，再由山外搭公車到金城後浦，從後浦又要用走路才可以到歐厝。當時山外至料羅，後浦至歐厝，根本沒有交通車，凡是要回家或到校，都很不方便，那天深夜，內人董淑惠肚子痛起來了，到了二十一日天正要亮時，女兒歐陽柏燕出生了。我爲什麼將她取名爲柏燕呢？原因是禮拜天從柏村國小回到家，出生好像一隻燕子從那邊飛出來，所以將她命名爲柏燕。

從那天起，內人的分娩期間，即請董振圖先生來校代課，我們原先也有同事過，所以工作方面，也很協力。到了分娩期滿，內人又要到校上課，這段時間，最大的問題，就是交通問題，每當假日，要回家一趟，須先走頭尾兩段路（料羅到山外，後浦到歐厝），才有中間的公車坐，又要帶著嬰兒，實在很不方便，好在當時，我有時候還會應用一點人際與社交，偶而借用軍車，而解決了難題。

我還記得，那一學期，學校有派來一位未結婚的女教師，人也長的年輕又漂亮，有好幾位軍官都在追求她。學校只有兩位女性的老師。一位是我的內人，一位是她，我們學校的宿舍，是男女分開，外客要親近老師很難，我那學期是擔任學校的總務，很多工作，必須借用軍車，所以就建立了一個彼此互助之友誼。有了交通工具，實在太方便了，每當假日前一天下午放學時，就有一輛小吉普車自動又準時會開到我們學校來，他的專程是要載那位未婚的女老師回家，但順便我與內人及燕女搭他的便車，絕無問題，因爲那位女老師還不敢單獨坐他的車，有我們陪伴，軍官們才有可能載到她。

有此關係，每當學校需用車，只要我開口，馬上就有，記得有一天，我急要將學校辦移交的手續辦完，爲會公文簽字，必須親跑開瑄國小一趟，就借用軍車。那位軍官同我去，而吉普車的前位主座，依規定民不可坐，但他讓我坐，因中央公路的各憲兵站，都是歸他所管，憲兵看我坐前位，馬上擋著要查問，先往車內看，是他們的長官坐在後面，以爲我是高級長官，不但不查問，還馬上向我敬禮。

以往之事，回想有趣，經過四十多年來，余再回顧該校，完全不同，不但校舍增添，環境之美化，場地之舖設，學校之變遷，大大不相同，本來想找一找有沒有舊同仁談一談，但退休的已退休，升遷的已升遷，多數是新人，找無熟人。

余專程之往，也巧合那一天是立法委員的選舉天，所以所參觀的，只看校景，並無看人，也只有一兩位的値日人員而已，與他聊些此校往事，彼此歡笑後，余就離開，再到他校追回顧。

回憶教師檢定考試

金門地區教師檢定考試，是在民國四十九年八月十七日和十八日這兩天舉行。余爲求一職，對於此務，特別重視，又想起當時，我爲何不去讀簡師科呢？到如今，參加這場考試，切不可馬虎。

於考試前，我的心情和想法有兩種心理。一種是擔心，因爲當時的生活環境是單行道，只有前進，並無其他之道可走，所以我很擔心怕考不上。另一種是悅心，所悅者，是我求職的機會來了，只要考得合格，我的職業就可取得一份謀生的工作，求得安定的生活。

體驗有感，擔心也好，悅心也好，平時之用功，才是真正人生最有保障，最是可靠。常聞人云：「最大的敵人，就是自己」，現在我亦體會出來了。我們要打勝這一場爲生活的筆戰，只靠平時的用功，別無選擇，因爲人生不可求人的有兩件事其意即是，只靠自己不可依人，亦即是什麼人都幫不了忙。所謂兩件，一件是練體格，一件是求學問，這兩件事，絕無可能，請人代替，求人幫忙。

我當時爲了生活，爲了工作，所以在參加教師檢定考試一年之前，我就有做了相當的準備。語云：「平時不燒香，急時抱佛腳，都是沒有用。」爲了不使來不及，我很注重平時，也很注意把握時間，運用時間。

人之心情，隨其時局，尚會變遷，憶在臨試之間，那時家務之忙，校務亦雜亂，我之心情，仍不甚樂，幸我尚能自慰，凡事自解，自作鼓勵，致能衝破危急，而獲應考之順利。體會有感，人若受遭遇或挫折，急事臨至，更須寧靜及其決心之意志，忍其打擊之痛苦，向其理想之目標而續進，切不可受阻礙而將希望自暴自棄，否則，參加這次的檢定考試，我可能會半途而廢。

爲防後患，撤除以後更痛苦，因之，余將一時之苦悶丟開，將它另放一邊，重整樂觀之心情，抱其積極之心理，向前續進，堅持到底，方有可能達到我參加應考之任務，而得一位有牌照的教職。

這一次的筆試，地點是在聯合國小舉行，爲趕赴考場，於民國四十九年八月十七日余清晨特別早起，因爲這是第一天的應考，除各項工作及用具齊備之外，欲到達目的地之前，我是騎腳踏車出發，從家鄉歐厝，先至金門街，會辦了一些私人之雜務，然後順中央公路直達考場，到達之後，無別之事，就是專心一意，爲參加考試之工作而來之。時間已到，亦無再有任何其他之雜念，一心一意，只想考好一點，成績能得高一點，別的事情，一概不管。這是我的個性，也是我的看法，因爲來者之應考人，彼此雖然很和氣相好，但是當時金門教師取用的限制下，大家還是很競爭，這時候，諸位爲生活的同仁們，還是各憑本事，也似是軍人上戰場一樣的專心。軍人是拿槍，老師是拿筆，其用意還是爲生活，爲生存而戰鬥。

教師同仁，雖然不是敵人，而在時局之實況下，社會事實，人浮於事，位置困難，金門處境，又無其他之行業可轉職，欲求得一名教師當，也不是很簡單很容易的事，原因何在？地小人多，無處發展，所以競爭很厲害。能有這種現象，也可以說是各人都有時也，命也、運也，剛好要碰到那個時代，那個命運，才會有那麼多的勞碌。

當天考了一個段落，於下午休息後，余於臨歸之前，單車又轉至金門街，在街上，看到金中招考特師科的廣告，本想報名應考，而所規定之條件，余之資格不合，致有影響心情不佳，因爲檢定也是冒險，進修也是不符，有此種情景下，任何人都是難以安心的。

第二天的考試，是在民國四十九年八月十八日，上午全部是筆試，下午部份時間筆試後，又有舉行口試，直到全部考試完畢後，我要回家，單車又再轉往金門街與友人坐談，至傍晚，才騎腳踏車回歐厝家中。

到家後，於晚上即同學校同仁及學生往下堡勞軍，當夜因是金山中心國小，金寧中心國小，及示範中心國小，第三所學校聯合演出，所以節目特別精彩，至表演完了，全部完畢後，有受軍方招待點心，然後即由他們用軍車載送各來參加表演之單位回去。

在當時，我只是一位代用老師，在工作上，非常繁重，在制度上，毫無保障。辛苦的工作，我自認命，絕不怨言，而因是代用，學期若結束，隨即會被人滾開，爲了求得安心與自尊，參加教師檢定考試，不得不拚命和利用閒暇的時間，努力讀書，亦只有抱其必取之決心與信心。

憶從考前一年就準備，在農曆之新年，大家都是歡歡喜喜到處玩，惟我獨自閉守家中苦讀書。

懷先慈談風水

憶我兒時，依農維生，余家無產業，先慈闢其潭邊，種點小菜，無米、無油、無鹽，惟和蕃薯，以水混湯，勉強糊口，當時之生活，人不如犬，而精神之樂，是以母子相依為命，今日為先慈墓園種草皮而澆水，購齊用具，亦用車送，亦用肩挑，是以園藝之心情，忙中流汗，即可懷念先慈生前之勞苦。

先慈生前，均住金門，一生勞苦，至其不孝為職遷台，齊家同行。她生於光緒戊申年四月二十日（農曆），卒於民國次庚午年十一月二十三日（農曆），安葬於台北中和鹿寮墓園。依其地理習俗，墓園正中，安葬之靈位，只可栽草皮，不可鋪洋灰，方可行通風水之龍脈。不孝尊俗而行，又另購草皮重新栽。民國九十二年九月初，台北患旱，水庫乃有節水之安排，此時余將先慈墓園所栽之草皮，每天挑水上山灑澆，而臨中下雨，其務全免，且草皮活長力，亦得了百分之百。

先慈一生勞苦，今已離開人間，生前之偉大，無可作補，為人子者，尚應存份孝心，方是爲人之本，古人傳言：「百善孝爲先」，余無以爲報，即以美化她之墓園爲答恩，於始澆草皮時，天即降雨助淋，戚友知其情，有對我言，孝能感動天地，此雨水之助，並非人爲，惟天可行，惟孝可得。

今我已退休，自主時間較多，整理先慈墓園，時間足夠，安排之下，每週開車上山一次，拔除雜草，意義深重，且可發動車輛，亦可賞光山上風水，更可望遠墓前風景，及可呼吸山上新鮮之空氣。最有心得者，乃可勞動筋骨，益我健康。其中欣賞自然環境，賞其周圍之花草樹木，有陶冶心情之樂。對心理之助，並非物質可補，而是精神可嘉。每當思念先慈之一生，並非普通人可以代替。她是以節義、守寡、刻苦、耐勞，一心教養惟一之獨生子，其時無依無靠，惟憑意志、堅決、信心，從夫教子，做其人家無法做之工，行其人家無法行之務，吃其人家無法吃之苦，堅其人家無法堅持之決心……她一生之心願，只有養我教我。當我幼時，無知而過，至今年老，回想往事，先慈之偉大，使我難以忘懷。

往事已矣，先慈今已離開人間，不能奉侍，余惟一之方，只可力行吾身，多在墓園之地，做些打掃，常在墓園之處，栽植草皮作美化，將所勞之忙，當爲此乃園藝之樂也。

鹿寮墓園，原是一塊山坡地，只有樹木，而無做墓，原因地主，與堂弟金土很熟，有一天，兩人聊談，堂弟說他的母親，現齡甚高，地主說：「鹿寮此地，可擇風水，你母親若百年壽終，此山可由你選擇你母親的風水地」。

當伯母仙逝那天，堂弟欲爲母親找風水地時，即想起鹿寮此山，又他胞兄之長男，懂得命相，更懂得風水，即請他擇地。經闢之後，往觀之人，無不讚美，後面環山，左右配璽，前堂美景，四周觀之，似坐在一把椅子賞美景。至其出葬當天，往送者見其風水，人人稱讚葬其地實在很有福氣。余聞之後，就想起我的母親，年亦甚高，因之即託堂弟代買一門地，原先安排，欲兩門併齊。伯母葬後，邊所留之地，後被看墓園之管理員偷賣掉，經爭吵後，地既被別人先葬，只好移往退後一門之地。

其時，我母親尙在，於某日，有一位旅台鄉親亦往其地找風水，看了之後，風水師說：還是我母親那塊地點最好，想向管理員購買，而管理員不敢再亂來了。

金門民間，有句俗語，福地福人居，原風水與算命，因太抽象，我都不相信，但依我國之哲理，有些事情，也確有其實，以我之家況而言，我有兩個男孩，均先後赴美留學，長男歐陽銳出國讀書時，其實我母親尙健在，並無風水可得助，他讀書原比老二好，而所得之學位，只有碩士，而無博士。到了我母親死後葬其地，我的次男歐陽堅才出國讀書，原他讀書詳情是比不上老大。但他得了博士學位。有些重視風水的人士對我說：「你兒子能得博士學位，是因爲你母親安葬那塊地的風水很好，才有可能拿到博士」。那些重視風水之人士，也作了不少之舉證，說台灣有某某發大財、某某做大官，都是因爲他祖先那塊風水地好。所以才有辦法得到。

從人言之所傳，都是抽象，都是迷信，毫無科學之根據，根本不能當爲事實，但話說回來，民間之信賴，民意之信仰，我們做人之修養，只可順民意，得民心，不可逆行不管風水得助此事是有或沒有，要以「寧可信其有，不可信其無」之作法才是最正確。

惋悼堂弟歐陽金土

吾等兄弟，自幼命苦，三位父親，早年去世，留下三母，年青守寡，所謂三母者，即是堂兄彥楚的母親，堂弟金土的母親，及我本人的母親，都是在歐厝有名的守寡人，其時民俗封建，傳統重視貞節，致使三位當時是年輕的母親，願意忍受痛苦，養育吾輩，時至今日，已百年餘，三母亦已辭世，吾等三兄弟，堂兄彥楚，早已居在新加坡。堂弟金土，於今年民國九十四年四月十二日下午二時十分，病死於台北中和自家。

堂弟金土，自幼時始，均有與我同玩、同住、同事過。幼時家住金門歐厝，其時生活，地居農村，又是日據時代，致甚辛苦。憶在盟軍，飛機欲炸日軍，於封鎖日軍船隻，欲駛進金門補給糧食，盟軍飛機在歐厝海邊，進行機槍掃射，我與堂弟，非常害怕，即用豬舍（內無養豬）作防空洞，其時年幼無知，認爲逃在內可保全，至今回想，當時完全錯誤，因豬舍之頂蓋，全部是用石板（石條）蓋的，若打到石板，必會折斷，我們兩人，幼時生死與共，至今永別，焉不難過。再憶幼時同玩，當時日軍，居駐歐厝，我家門邊，有放大砲，我倆見之好奇，即用紙皮，仿製大砲，兩人在家，舉行大砲攻打之遊戲，當時雖無軍事之常識，今作體會，即如沙盤演習之作戰。又每逢清明節之時日，我倆必會同行，走往歐厝之山坡地，並帶鋤頭、香燭、金紙、禮物，至祖先墓前祭拜，歸途之步行間，會邊走邊聊，兩人互相想想過去，談談現在，都會感慨萬端，以當時雖年輕，而對人生之看法，凡事均有同感。

至其長大，出了社會，我與堂弟，爲了生活，須找工作，以當時之時局，人浮於事，位置困難，各奔西東，時有時斷，惟在民國五十年，我倆方在金門金沙中心國小，同任代用教師。至其翌年，人事變遷，又是各奔西東，因之，他之工作崗位，先後均無法固定，生活也無法安定，而我之遭遇，與他也是大同小異。據我所知，他所做之工作，於「八二三」砲戰之期間內，是在正氣中華日報社擔任校對工作，於某日，由金城騎單車欲返歐厝家，途中遇砲戰，差點中砲，途中雖危，而每日乃須照行上下班。因所找之工作，都是臨用，致所作之單位與項目，可說很多，有當過金寧鄉公所的錄事，有當過正氣中華日報的校對，有當過金沙中心國小……等校的代用教師，有當過社教館及金湖鎮公所的職員……等等之務，以當時之處境，可以說要混一碗飯吃都是無法得到安定，至於保障與保命，其時的金門青年，那就更免談了。

堂弟的社會活動，在年輕的時候，他參加了幾樣活動，所表現的非常特色，現舉證幾項，說明如下：第一項是參加金門籃球隊，他的球藝特別好，這是大家所公認的，凡一球若落在他的手中，對方用了三個籃球隊員的圍攻，在球場的比賽中，都沒有辦法搶到他的球。尤其投籃跳的很高，姿態也很美，不但在金門比賽有名，甚以金門籃球隊到台灣比賽，他也是很特色。第二項是參加金門的克難樂隊：當胡璉將軍任金門防衛司令官時，也就創導「克難」兩個字，無論軍民，都受鼓勵，尤其軍方，克難創造，表現優異。堂弟在金，雖非軍職，而當時的行政單位，常配合民間，舉行勞軍，雖無經費，而乃以克難之組成。其時金山鄉的葉鄉長德輝，本身也參加組團，並親自登台表演，其中有堂弟、及董子房先生……等等之隊員，他們如何克難法呢？以樂器來說，都沒有用過錢去購買，只找兩個有口琴的，借用兩枝口琴之外，其他的樂器，有的用臉盆拿來敲，有的用算盤拿來搖，有的用畚斗拿來打，有的用杯有的用碗，有的用筷子，有的用兩片石塊……等等之物，只要能發出聲音，和出音階，上台之後，加上奏樂器的他們，有樂器聲之外，還有跳也有唱，站在台下的觀眾們，無論軍民，就拚命叫好，用力鼓掌，大聲的歡笑，造成戰地非常熱鬧，心情非常愉快，情勢毫不寂寞。尤其克難樂隊的服裝，奇形怪狀，又免花錢，以他們原穿在身上的衣服，糊上一些紙條，貼上幾朵野花，帽子上下左右，可比夏威夷跳草裙舞的化裝更鮮艷。

憶其當時，那一群伙伴們，年青活潑，體力充沛，能衝能跑，能唱能跳，意欲何事，即可即行，而人生之壽命，實太短促，所行之活動，只可英勢一剎那，原有那些同伴們，葉德輝、董子房，他們亦已離開人間了，他們到了西天，是否能有相約相會，這我就不知道了。第三項是參加卡拉ＯＫ歌唱，原他工作崗位，是在金門，民國六十八年七月，即由金門金湖鎮公所調職台北縣中和市公所，擔任清潔隊分隊長，爲了結合眾多隊員們的感情和工作，於群體中，他與同事，常利用工作之餘暇或休假日，就用唱歌作聯誼，在他本身，歌也唱的很好，也變成了他對唱歌很有興趣。

到我工作調台之後，我們兩家，也住的很鄰近，因各人的工作性質不同，若有會面，不在服務機關，而是利用家庭，利用下班或假日。爲了消除工作壓力，我們在台，都很注重康樂活動，但興趣與項目，與我略有不同，所以就無法天天在一起，工作時間，各自在機關單位忙碌，下班後各自找興趣的活動場所康樂活動，他喜歡唱歌，我喜歡跳舞，項目不相同，所以也就難於天天在一起，而彼此的溝通，除了重要事情必須會面外，否則，在競爭忙碌的工商社會中，在複雜的台北人眾中，想要與親人多講幾句話，在時間上的安排都有困難，我們兩人的感情，自幼至今，都是建在內心有誠，於忙碌之溝通，即用心靈與感應，就可以全部了解，彼此溝通，不必另費時光。若須較遠之處，他必會事前通知我，約我開車同往。

至今他已永別，再也不回，若有急要，再也不約。他之歌友，他之同伴，再也無法找到他了。所唱歌曲，也無錄留，想聽聽他的歌聲，也永無可能。以他之別，不僅家人之痛苦，阿兄之悲傷，他的朋友，他的同事，因少了一位歌手，也會感覺寂寞。點歌之時，少人參考，原是快樂之場合，想起了他，喜曲會變成悲曲，高音會變成亂音，快樂會臨變痛苦，有聲會變失聲，所有歡樂的心情，完全消失。堂弟的爲人，他的重要，不只是家庭，不只是吾兩兄弟，尚有更多的同事、同伴，聽到他已經逝世了，傷心和流淚的人很多。

他逝世後的那幾天，我與內人，天天都到他家裡去，一方面協助堂侄安排喪葬事，一方面勸弟婦要節哀。見弟婦傷心與哭情，我們一直勸她爲了保身，不要再哭，其實，我的眼淚，爲恐增她傷心，雖不敢在她面前滴下來，但也往肚子裡流進去了。人到了這種地步，其痛苦之心情，筆下實在無法形容。

人是有感情的，從小在一起，長大很知音，將老先告別，這種的場面，這種的處境，無論什麼人都會難過，都會痛苦，都會捨不得他要離開。但天地之間，很多人事，還是不公平，他並非很高齡的人，而爲什麼就會比別人先走呢？尤其他年輕期，也是一個很健壯的體格，而病魔的可怕，比什麼更厲害。

他退休時，原是健康的身體，未滿三載，由強轉弱。病前先後兩期，用他的體力，有到大陸去玩，也到菲律賓去玩，過了不久，即聞病發，雖經延醫服藥，旋發旋癒，延至民國九十四年四月十二日，見勢已危，無法再起，即由台北榮總醫院，由家屬之護送，速回台北中和市之家庭，掙扎頃後，即與世長辭矣。將死之時刻前，余在其旁，及家族人亦紛紛趕到，見其神態，一下子欲坐，一下子欲臥，一下子欲喝水，亦會勉強說話，似在等待全部親人到齊，方安心而走。

他之享年，七十又二，人生七十方開始，退休之後，本可享福晚年，但天不助人願，一生之中，只有奔波，而無安定，只有辛勞，而無享福。一生之所付出，尚未收回。誰也想不到，一病不起，焉不哀乎？

他自幼奮鬥至今，已得家境小康，現二男二女，亦已教養完成任務，已是成家立業，兒孫滿堂，走後雖免掛心，但論命年歲，尚是不該。但天不依次序，迫他先走，致造其活的人比死的人更痛苦，更悲哀，更感覺天地人間，原來如此，常聞感嘆的人說：「做人，沒有什麼意思」。也有人的想法，認為做人也是沒有什麼意義。因為看到別人死了，就會想到自己的本身。

堂弟既往，與其家人，商討後事，會請葬儀社人員，計畫應行之儀式，集諸親人，選棺擇地。憶堂弟在世時，曾在中和鹿寮墓園為先伯母及先慈購買一片墓地，因葬後尚有遺留一門風水，有此之便，安排欲葬其地，即請風水師上山指導，定後返家，即有生變，山坡地禁葬，亦受他人干涉，勢迫無奈，惟再另找他處。而所找之處，以風水師之論斷，只是葬地而非風水地。今既如此，惟先暫葬，尙待以後，請堂侄們應永記先嚴之辛勞，爾後可將其靈骨再移回原購鹿寮之風水地。

台灣移風易俗，人死之後，安葬之前，必須先查明全家人之生肖，認為不會傷害，方可出殯。請風水師查清推算後，出殯日期，本月（四月）無法排定，須待下月（五月）十四日（農曆四月初七日），方有日子。日期已定，地亦已擇，今忙籌備。靈堂置在家裡，亦請佛教機構，至家唸經，以引西方。他往去之後，對於世情，一概不知，而最痛苦，最悲傷者，尙是家屬與親朋，必難忘懷。

臨住克難屋

家鄉歐厝，歐陽祠堂舉行奠安。民國九十三年十二月一日，余爲趕回祭拜祖先，當日下午，特搭遠東航空公司的班機返家。因久住台北，臨時回家，似是無家可歸的流浪漢，原家鄉余前所住的舊屋，已經破舊不堪，又是公有之祖公業，並無修理，致無房床可睡。原我在金城新莊有買了一棟房屋，當長男要出國留學時，因急用無錢，該棟房子，我就把它賣掉。到如今，返家之後，才深深體會，家，是人生最根本的地方，也深深感覺，戰爭最大的罪惡，是破壞人家的家庭，從歷年之所見所聞，有些軍民，原本是一個美好的家庭，但被戰爭衝破了，到如今，有的重建，有的無力可建，那些無力可建的人，雖然在年青時，爲國家賣了不少力，而現今尙是空空如也，看了他們，實在很可憐。

祭拜祖先，是一件愼終追遠，不可忽視之務，余於返鄉之前，就先考慮到回家住的問題，就先打電話與堂弟金山連絡，這位堂弟，就是上次我寫的「憶日軍登陸金門」那篇，日軍用刺刀做掃描山野，他的左腳被日皮鞋踩到腳趾流血了，堂兄用手指說話，叫他不准出聲，他實在聰明又勇敢，不敢露出絲毫聲色那位的堂弟。他接到電話，立即答應我返家時住的問題，他有建了一棟克難屋。有了住，返鄉之後，我什麼問題都可以解決了。

剛下飛機，就用手機作連絡，他已經把車子開到機場來了，接回克難之屋，見其地點，有距村莊，第一印象，感覺清靜不吵，於大門之橫篇，寫上「老少活動中心」，兩旁有直寫一對「老朽在此修身求安老」、「少年情誼歡聚莫可少」。剛進大門，就看一副用框裝的古屋老樹的風景圖，圖裡有古屋，有老樹，左下面寫著第三屆國大代表，第四屆立法委員，李炷烽敬賀，再進正門，又看到對面掛了一張橫寫用框裝的字：金門縣政諮詢委員會聘書，府計綜字第〇九二〇〇四八七三七號素聞先生才德術修兼備器識宏遠，時值金門縣政急須朝向精緻文化轉型的關鍵，爲邁向更安裕而開闊的縣政願景，至盼先生提供遠見，助益縣政推展茲此敦聘歐陽先生爲金門縣政第一屆縣政諮詢委員。金門縣縣長李炷烽。

休頃之後，余於屋之內外前後左右走了一圈，見其詳情，頗有創意，此屋並非土木之工程，也不必由工程師之繪圖，更不需要動用土木匠之辛勞，而是用兩個貨櫃箱，一個排橫的，一個排直的，空隙外圍，再用鐵片蓋屋頂和做外圍，以落地門和活動窗配合現代化的使用，既方便又省錢，內部的隔間，有廳，也有房，有廚房，也有廁所，也有洗澡間，又是獨立屋，無論是空氣、陽光、風景，比有錢人住高樓大廈更好。

屋內的雜物，雖然有點往態，但此家是農家，此地是農村，我們的祖先以前所過的生活，就是這種生活，他們所傳給我們的，就是這種生活，我們以此習俗，雖然簡陋，但生活很自然，也很快樂，也有一種懷舊的心情。我們不必有貴族的思想，也不要有榮華富貴的生活，自先人至現在，我們都是從苦難中奮鬥成長，今住此屋，使我更深深體會到先人克苦耐勞，儉樸營生，所見之事物，就是傳統之所留，所行之創造，亦是祖先遺留下來之傳統精神。承先啓後，我們這一代的目標與目的，不是只爲個人的享樂，而是希望下一代，無論在內或往外，只要能生根發展，好景綿延，就是我們的目標與目的。

堂弟對於風水陽居，頗有研究，問其欲擇此地建屋之依據，聞其所言，乃有依據地理之哲理，擇其地是依照來龍去脈，左龍右虎，後玄武，前珠雀，內扒外岸，住之必興，又於現有之環境，向遠看，有平原直通平面海，可以視到料羅灣，尤其夜間之燈光，遠視非常美麗，於近看，有橫通之公路，路燈配合左右村莊之燈光，雖是村野，但有樹木之配合，環境比都市更美。再往水庫而言，就近有二潭，一名叫大潭，一名叫長潭。水是代表錢，今堂前聚水，日後子孫即可聚錢，有此美好之自然環境，住之必樂。展望將來，亦特有信心。

據其所云，此屋不但可以住家，亦可休閒養老，常見一些鄰村之老人，有來此屋泡茶，聊天，聯誼鄉親，和睦鄉情，群集四方，若以風水陽居作評測，此地確有臥虎藏龍引生人傑地靈之未來。

由金城鎮公所之協助，於門口前，正在建一個風景池，準備養魚、栽花、美化之後，會更漂亮。又依計劃，此地亦要成立一個「金山農友發展協會」。

余臨住此屋有十四天，所見所聞，我認爲此地方，將來必有發展之機會。

往事已過五十餘年矣

退休之後，每當閒暇，余在夜闌人靜的晚上，緬懷往事，想起以往生涯，其中有一段距今已過五十餘年的回憶，這段歲月，有我的求學年代，也有我的初次離開學校走進社會的時光，憶往之後，我對人生，感慨萬千。

光陰似箭，歲月如梭，憶在民國四十一年，我在金門中學高中求學的年代，其時年青思想，目空一切，天高地厚，自尙不曉，認爲自己是很了不起的人物，至其進入社會之後，方知青年人之思想是幼稚的，想法是幻想的，看法是偏見的，做法有很多地方是錯誤的，也才知道青年人太天真，也太可愛。遇到事至，方感自不量力。其時，金門的時局，正是從戰亂中漸獲安定的時期，憶從民國三十八年古寧頭發生陸戰之後，延至民國四十一年，金門民心士氣，非常旺盛。記得民國四十一年某天，金門中學，集合了軍人及全校師生，聚在中正堂圍牆內，聽講胡司令官的訓話時，對方的共軍，可能發現了我們隊伍的目標，就開砲過來，以當時他們的武器，最遠的射程，只能打到金門的海邊，我們的隊伍，他們根本沒有辦法打的到，指揮官爲了安慰大家心理，只喊出口令，請全體隊伍，向中正堂靠近幾步，司令官站在中正堂二樓的走廊講台，會議照開，胡司令官話照講，到了會議結束，指揮官還帶了全體官兵及同學，到了中正堂圍牆的外面，將所有的人員，在操場上圍了幾圈大圓圈，大家手牽手，就在大操場上唱歌和跳舞，那天所跳的團體舞是「大家歌舞樂陶陶」，同學們因爲太高興了，就以開玩笑的唱：「大隻雞母哺哺跳」。

那一天那樣的做法，可能明知對方射過來的大砲，是打不到我們的，所以才敢這樣故意大膽集在中正堂前的大操場上，表演歌舞給共軍看（用望遠鏡看）。

在民國四十一年，由胡璉司令官的領導下，金門的民心士氣，實在很旺盛，記得在集合的大合唱，還唱了一首「民國四十一年，一切大不同，狂風暴雨都渡過了……」，因爲那時候學校的音樂課，都是請軍方來兼任音樂老師，學生所授的音樂教材，有很多都是軍歌。至今回想起來，金門中學這一批人，都是從苦難中長大的，能有今天，應該感謝當時的領導者，重視克難創造，培養金門青年，否則，若當時金門教育斷層，金門就會變成一個文盲的孤島人，續延之後，也就沒有人才輩出的今天，更沒有進步發展的現在。

回想往事，學生時代，隨其環境變化很多，經過時局之轉變，金門整體，由危轉安，金門士氣，由低變高，視當時的金門，是從樂觀奮鬥而安定。但想起了當時個人的家境，非常惡劣，隨其整體，過了有希望的金門日子。至民國四十一年和四十二年之後，在個人之心理上，乃抱其前途無量，到民國四十三年走進社會，我就遭受失業之痛苦，休學之後，離開了學校，進入了社會，難求一職，我才明白學校與社會和學生時代所想的，完全兩回事，其時，不但受過失學之痛苦，也受過失業之痛苦，加其當時金門「九三」砲戰之危機，社會上人浮於事之競爭，身居戰時戰地之時局，走投無路，痛苦之心情，實在一言難盡。

危混之下，渡過了民國四十三年，延至民國四十四年，乃是在風雨飄搖之環境下而衝浪，所受之苦情，對人生之閱歷，實在得了不少之經驗。受盡風雨之中，至當年（民國四十四年）的年底，才得了恩人之救起，取了一份謀生之工作，這些感受，在我的腦海裡，有生之年，絕不遺忘。

人各有志，每人都有他的人生觀，但人生要達到理想，必須要與環境相配合，以我當時的環境，因太惡劣，於無形中，就變成不定的人生觀，余自思考，未知是我自己意志不夠堅強，或是環境壓迫我無法前進。尤其由休學想再復學，我的四周，均受包圍，怎麼衝，也衝不出去。只有困守待機，自誤光陰，自卑而渡。到如今，再作回想，人生原來是如此。

以當時之心理，所想所見，在看法與做法，乃須注重起行重於坐談，但分析社會與人性，雖然是有重德的善心人士，但尚是惡者眾，善者寡，所以造成事無穩固，生無安定，有些事尙有不合情，不合理，不合法尙多矣，因之，才會發生時時無平靜，處處無安定，人人無保障。

依聖賢之理論，宇宙之定律，若每人能依規而行，天下得太平，必無問題，可是人性貪慾者多，私心者眾，故聖人之格言，因諸不受理，即變成虛僞，似此之下，欲求生活，坐而談，不如起而行，光談理論，於事無補，吾人欲能把握實質，得其貫徹之事務，就必須從力行做起，不要只談不做，終必落空，而力行之務，尙須有計劃，依其所定，不可再等，有此作法，自然就不會悲觀，不會消極，也不必考慮前途不前途，美滿不美滿，光明不光明，在心理上存疑之思考，那是另一回事，只要向正軌直走，即可獲其力行就會快樂，困難就會隨時間而過關。

世間人，天下事，有成有敗，成敗原因，因素很多，有之是受環境，有之是因智商，有之是有命運與背景，而行中之逕，有之難，有之易，反省之下，凡事不必與人作比，因人比人氣死人，要先自量其力，不必悲觀，也莫須消極，從數十年來自作考驗，小平民不必計劃作幻想事，因幻想與空談無異，只要將有可能做到的事，先作考慮一下，而後進行，至有成果，可能可獲事半功倍之效果。勤行的人，行可除雜念，忙可除悲觀，若獲得成果，樂自然而至，到其時，就有安慰，就有快樂。

然入社會之後，有些事情，必須隨即留意，不可馬虎，因社會者，往往會有知人知面不知心之事發生，你對他好，他不一定有誠，甚以有之會以有功欲搶，有過要推，做了出賣朋友，出賣同事也有，尤其假仁假義之欺騙者，實在可怕，故欲在社會上立足固基，必須步步紮營，處處有防，方免受惡人之陷害。因人心有貪、人性有之尚有惡，不作防範，就會自先受害，語云：「害人之心不可有，防人之心不可無」，社會之事，看起來都是美好，社會者之言，聽起來都是甜美，社會上之廣告，似是很棒，很實在，很可靠，很有幫助，但有些內容，是壞人製造出來的假貨，一時信他，隨後上當，孔子說：「巧言令色鮮矣仁」，聽言之後，尚須再考驗，否則，就會被騙，到最後，就會上當，就會吃虧。

體會有感，社會上爲何會有此現象呢？不外乎是爲生活，是爲金錢，爲了經濟，所以才會產生騙術，用方法想要爭取，這些都是那些不勤營，不走正軌之人造出來的，尤其那些小人之所作所爲，常會採用無所不用其極，致使造成社會之混亂，國家之不安。以吾凡人，所受窮苦，因受環境之壓迫，造成缺乏經濟。而我們之補作法，是以加強忙碌，欲追求生活之改善，而所有之理想，往往都是患上無從登門，雖有理想的前景，而無實際之配合，終患上有其名而無其實，等於空白。

得著有崗位可服務的人，他的實際需要，多者只是爲了吃飯，也不一定是他的理想，以一般之心態，雖然肯勞苦，還是爲了金錢，因爲有了富足的金錢，他就很容易解決一切的困難，所以社會大家才會拚命的追錢，因爲生活要金錢，事業要金錢，甚以愛情也要金錢，常聞人言：「金錢不是萬能，無錢萬萬不能」，所以大家才會重視金錢。以我腦海中之想法，這似是不該的道理，可是假若沒有它，事行便不能通順了，爲了需要，爲了生活，所以造成思想也複雜了，經過複雜之生活中，就得了豐富的經驗，有了豐富的經驗，無論謀舉何事，就可得其順利和得意。

經此舉證，有愛發牢騷的人，有事情，也就會容忍了，其實，在社會上，經驗是最重要，吾人既知，於做事中，就要重視。憶我初出社會時，無論對人或對事，都有患上自尙不知，行中自無詳解，工作就遇到困難。一個初在人群中作事的人，若欠經驗，雖有忠誠之心欲待人，但因得不到對方之心理，所欲做之事，可能也是行不通。

感情之事，是出於人之內心，可是有之爲了責任，就會用壓力去迫人做，被迫之人，有之因有個性，於事前會採用不理之態度，到進行中，會以心不甘情不願，在不得已只有勉強應付。

我之個性，我之想法與看法，在做法上，應養其待人以和，做事以勤，抱其修養才是人生之根本，但社會上的人，即未必然，只要以他自有順利之得，對於他人之苦勞，均無考慮，並且有之會採用軟土深挖，此種作法，不僅不得人和，且在工作中能使他人之受傷。

經過經驗與體會之後，對諸事之了解亦較清楚，歸納之後，責任比任何重要，在社會做事，若出了問題，其時是依法追究責任，沒有事前之防備，到那時候，向人求救，都很困難，故吾人凡事，都要有事前的計劃，有周全之考慮，有防患未然之安排，有遇危之準備。終結之說，就是要重視經驗。

但心理之安定，是行事之根本，因無定之心，事不能專，大學章句有言：「大學之道，在明明德，在親民，在止於至善，知止而后有定，定而后能靜，靜而后能安，安而后能慮，慮而后能得，物有本末，事有終始，知所先後，既近道矣」。話雖如此，然社會上之人心，與人同謀，舉事之中，常有挫折，受挫之後，情即不定，無定之心，請則不靜，無靜之態，心則不安，不安之心，慮事必亂，因亂，至其終，成敗各半。遇有失望之心情，是成是敗，那就隨環境與時局之變化了。

余常自作反省，若自學驗不足，遇事必難解危，故勤磨多練，可解不定之心。凡事之行，必須專心，方能有得，否則，事必無法順利。余明知勤學必要，但若事雜亂，應付必難，患此者，習中從事，往往會患上一得一失，有此情，焉有樂乎？

環境之優劣，心情之憂樂，影響成敗，非常密切，在五十年前我之環境，非常惡劣，其時所受之痛苦，無論精神或物質，都是居於前無目標，後無後援，完全都是處於孤軍戰鬥，自力更生，又當時的金門，都是不停的砲戰，（國共之戰）個人謀生困難，居於其境，雖有志，而志不順，雖有理想，而理想似幻想，體會有感，人生之可行者，無論何事，是大是小，是公是私，只有樂觀奮鬥，面對現實，遇挫容忍，抱定希望，烏雲過後，晴朗就會自然而開明。

到了老年期，再與往前作比，別人就比不上我們這些過來人（痛苦期）的快樂了，因為他們是自幼居於優良的環境，只過著生活享受的一面，而無嚐過生活痛苦的經驗，憂與樂，苦與甜，滋味之別，他們無法認清。至於人生之究竟，他們沒有比較過，怎麼會知道呢？

無事閒思，往事之過，已五十年餘，這段時代，余有自覺，人生原來只不過是如此而已。

回想之下，深深體會，戰爭是罪惡，在五十年期，金門的民眾，都是受戰爭而圍困，跳也跳不出去，生活又窮於經濟，憑其勤耕種田，靠天下雨，才有地瓜吃，這種的環境，都是受時局所安排，受封鎖所控制，受戰爭所困守，做那時代的人，無論是生活、是生命，可以說都是聽天由命的可憐人。

回憶之中，從五十年前與今作比，現有小三通，外出無限制，交通無受阻，只要你有聰明才智的實力，你可以到處廣遊，自由發展，不必受那戰時戰地的出入限制，兩期相比，實在是天壤之別。這些往事，以我之齡，都是親眼所見，親經閱歷，亦深深感覺，戰爭是罪惡，和平才有幸福，人民欲得享受，必須生於太平時期。

談其時局，現雖由危轉安，由苦轉甘，由憂轉樂，可享安康之人生，但現我已老矣，雖然，風雨交加過今歡，和平之日顯明光，心望長生不老福，唯限人壽無保專。說再多，想再廣，慮再遠，乃是一場空，因人之壽命是有限，雖然很想延長壽命，多得享福，但若無健康之身體，只有想，也是幻想，人到老，力不從心，想回青春，補個享福，怎麼補也是補不起來的。

開盲腸追記

記得民國六十五、六十六、六十七這三年此段期間，我是在金門賢庵國小愛華分校任教。愛華分校校址是在我家鄉金門歐厝村，此村是我的故居，此地是祖傳遺留有我的家，但因房屋破舊不堪，且地窄小，經過多年同內人董淑惠以舌耕之所得，辛勞和節儉，日積月累，就在金門金城新莊以分期付款購建一棟新房屋。這段時間，我的家也搬到金門縣金城新莊一巷一號的新屋去住了。而校址尚在家鄉金門歐厝，爲了要住家舒服一點，我只好每天通車上班，通車數年後，其中有三年，有遇不佳之命運。

這三年中，若請算命先生來算我的命運，一定是最不好的時運，但我一向都不相信命運。而所經感，雖然命運抽象，就事論事，多作體會，也確有道理。到如今，我不敢不相信，甚且會隨俗能可信其有，不可信其無之作法。我雖然沒有去請教算命先生，但我自作回想，打開我那三年中的日記回憶一下，的確，那三年也是我一生中的危險期。在那三年，我是多病年，現在，我把這三年分三期來說明，第一期，是民國六十五年：平時之小病不談，而較痛苦之日子，是八月十九、二十、二十一日這三天，十九日的夜晚，忽然病來，滿身發高燒，腹也痛，因苦之難受，即以土醫之方法，請鄰居一位阿婆來推放筋路，推放後，引起皮膚都發紅。至深夜，乃增加腹痛，而且多次的大便，同時，身上也流了不少冷汗，因之，身體甚疲勞。

八月二十日，病雖未痊，乃以帶病往校，因學校要辦理移交及協調演習事宜，我上午很早就到學校去，至事畢返家，下午尙須往空教班上課，因病尙存，下午在校，又患其吐瀉之疾，雖疲憊，乃勉強而持之。

八月二十一日，二十二日，正是週六和週日，而當時並無週休二日制，於廿一日之週六，乃帶病去上班，因我所患之疾是胃腸病、腸發炎，一日要大便數次，且腹部也很痛，所以在飲食方面，對油類之食物，余亦自行忌之，在飲食時，食物進到口中，都是食之無味，由於胃口之不順，食量減少，不僅身體消瘦，且在心理上，均不自然，從此體會，病是人生最痛苦之事。

八月二十二日，本來是星期日可以在家休養，而當日又欲備待演習，原因日前由本分校自行協調擎天演習會議，又聞各單位均爲此事而擔憂，原因唯恐通知令在半夜發出，有的同仁住家離校尙遠，又當時金門因是戰時戰地，若無通行證，夜間無法通行，必要時，恐怕無法如期趕到，因之，有些同仁，若非家住該村，只好放棄假日之休養，提早到服務單位去等。

再談第二期：我的病況之再發，是在民國六十六年，九月五日、九月六日、九月七日。九月五日，放學回到金城新莊之住家，由傍晚開始，我的腹大痛，一直痛到晚上九點多，見勢不對，慈母則同我搭專車往山外衛生院掛急診號，經廖大夫之判斷，不敢決定是盲腸發炎，而白血球又增加，大夫指示，今夜須忍痛，方有可能作研判而決定是否盲腸發炎。到了深夜，余大痛受不了，也無法再忍耐下去，就請護士小姐打一針止痛藥，此針打過後，雖然不再痛，痛雖止了，但影響醫師無法作判斷痛原的病因。

從九月五日晚上入醫院，至九月六日，因病況尚未查出，也無法進食，唯有打葡萄糖，整天臥倒病房。過午，欲至廁所小便，因體力支持不了，則暈倒在廁所，幸有一男護士經過見之，方救我回病室。因病有奇蹟，故夜尚留醫院，在病房中，是以半睡半醒，渡了一夜生病之生涯。

到了九月七日，要出院，尚須請教大夫，經昨日之判斷，廖大夫認爲不一定是盲腸炎，故不開刀，並指示當日可出院。適有鄉親陳大夫輪至醫院值診，余趁此向他請教，經他分析之後，尚無法決定是那部位發炎，又金門衛生院當時無該種儀器可測，唯配藥服之。

此期（第二期）住院三天，於民國六十六年九月七日上午，余從金門衛生院辦理出院，到家之後，便立即往校。

　再說第三期我的盲腸炎，最嚴重也是最幸運的病期是這一期，那一期能救活我命，可以說是天之助也，在前期病發作時，便可搭車到山外金門衛生院去檢查，就醫、打針和吃藥，在每次的檢查，大夫難以判斷我的病，所以只用打止痛針，打針後就可以回家返校去工作。而這一次是以拖延時間才檢出我的病是盲腸炎。爲什麼有病要拖延呢？原因那一次病的發作時間是在晚上十點鐘以後。假使在十點鐘以前發作，我的命可能就在這一次結束了。因爲金門是戰地，在當時，晚上沒有通行証，無法走出去。

　民國六十七年二月廿三日夜間，我在家中，忽然肚子很痛，經服成藥，但並無見效，慈母見情勢不對，想找醫師急治，而又夜深。我之鄰居，因近在縣政府，母親急向有官職之人員借通行証欲往山外衛生院急診，但乃無法借到，那一晚假使借到通行証，當夜醫師也是無法檢查出我的怪病，最多打了一針止痛針就回家，回家之後，我的盲腸就爆開了，再回到衛生院去開刀，那已經來不及了。因爲我的怪病，經大夫兩三年來用心作了兩三次的檢查，都是判斷我的病不是盲腸炎，只打了止痛針，不痛了，我就回家馬上到校上課。而這一次因無通行証走不出去，在家裡肚子痛了一個晚上，也是拖延了一個晚上的時間，直到天亮，母親同我，才雇包車送至金門衛生院，車到達，即以急診掛號，經柯大夫之檢查，初尚無法判斷，叫我再等（因我的拖延怪病不顯明出來），到了上午十點左右，才判斷正確，我是盲腸炎，便立即辦立約書……等手續，從上午十時卅分開刀，至下午一時卅分，計有三個小時，方將盲腸取出。原一般人平常開盲腸只要半小時就可以取出，而我的盲腸要三個鐘頭才有辦法取出來，你說這種病怪不怪？

這條盲腸，先後給我痛苦了三年，驚動了我一家人，勞動了幾位大夫，辛苦了好幾個護士小姐，吾民本是無辜，而病魔爲何要作怪？好在現今醫學發達，否則，會像以往醫學落伍之時代，死在不知是盲腸炎，只猜神鬼會抓人。好在，這次大夫判斷正確，因盲腸躲藏深處，已經是又大、又快要爆炸了，經大夫之用心，才從危急中把我的命搶救起來。

在開刀中，余因心理健全，毫無畏意，我在手術室是無憂無懼，接受大夫之專長，而因手術時間太久，母親和內人，她們在手術外面等候消息，心裡非常緊張，要見又不能進去，要知道現況又是那麼久還在手術中。在那危急中，病人本身不怕，只怕在親人的心裡。

於半身麻醉中，下身不痛，上身精神如常，於大夫在剪刀之開割下，余尙與三位護士小姐及大夫談天。開畢之後，她們取其盲腸給我看，約有十多公分長，三公分餘寬，我請她們裝在瓶裡，讓我帶回家做紀念。

當時金門的社團單位，對金門民間的消息也很靈通，翌日，就有縣委會趙書記，許組長，民服站洪主任，莊校長及趙主任，他們有到醫院來慰問，後續數日中，學生代表，同學、親朋，及文教科洪科長，均先後也到醫院慰問，深感金門社會，和睦溫馨，人情味也特別濃厚。

三月二日撤線，余即請示大夫，就辦理出院。從住院一週以來，深深體會，人生落難時，必須互相照顧，方有溫暖，尤其住院期間，諸友至院慰問，使我銘感五內，永懷在心。因其時諸友之關心，是最會得到病人之安慰。經此之感，亦增進經驗不少。

出院返家之後，余爲續行治病，決定續假一週，在家調養，除依醫師所示藥方按時服用外，余個人尚有治理，俗語傳云：「病癒心者，十有八九，病癒藥者，十有三」，從此言之體會，心治重於藥物之治。

余自住院至出院返家，最注意我的生活就是慈母，凡每日之進餐，點心，均是慈母親手製煮，從此可證，母愛之偉大，世上無人可再比。

吾人既知「病癒心者十有八九，病癒藥者十有三」，現我已離院返家休養，應注意食衣住行之心治生活。自出院後，余在家很注重靜養，凡每日生活，除注意營養外，尚以自由自在，隨心所欲而行之；所欲者，不外乎是散步，看書，睡眠等之休息也。

靜養，亦是治病之根本，凡是有病在治癒之前後，此務之行，是最重要，因靜養包含了心治，吾人欲使身體早日復元，對靜養一修，切須重視。

病期之療養中，在夜間，有時有宗親至我家閒聊，於無形中，對心情亦特開悅意，可助療養心神，亦可減少寂寞之生活。若無閒聊之伴，最好之方法，要以無事多看書，俗語有言：「開卷有益」，從此言之作證，無事多看書，益處甚多。看書，也是修心養性之根本。凡常人之通病，認爲空閒時會無聊，其實，人生那有無聊之時間。凡人健康時，更應找事忙，不必閒著無聊。

那時，余在家養病，於每日中，加上一科無事看書，不僅時光易過，也可增加個人的知識。看書原是人生之精神食糧，人必須在每日之生活中，養成手不離卷之習慣，方能隨生活而進步，隨時代而前進，否則，時光白費，追不可回。在那短休間，其主要之務，是在家養病，而養病之方，是以心爲主宰，方是根本，以近日中之所行，余以隨心所欲而爲之，無論飲食方面、休息方面、看書方面、散步方面、睡眠方面……等等之所行，均採取順其自然。

尤其閒聊之行，最可調和心情。如與同伴之座談。民國六十七年三月六日晚上，同仁徐井田師，至家閒聊，於無形中，則能和悅心情，忘其病態，從於經驗有感，心是主宰，吾人無論養病、會客、辦事，於心理上，必須和睦相待，順應心理，方可獲其人和事亦順之得也。

兩人談話，理念同感，深有感想：「經一事，長一智」，在社會上，多少人士，往往會患主觀，患此種病者，可分爲兩種因素，一種是因見識少，祇知其一，不知其二，致有獨我觀念而待人，另有一種是因謀職強求，勉強得位，恐其位不固而有極端之心理。談話之中，憑其以往所接觸之長官，形態各不相同，有之對待有病之部屬，是以仁慈至助，有之是以算指頭計算時日，急待病人去上班。我倆互談「察相」，從其「人看小，馬看蹄」之觀察中，就可知道人之心地。

民國六十七年三月八日，假期已滿：余作歸納之回憶，從二月二十三日，就患急性盲腸炎，當日早晨，急往山外衛生院開刀，並作請假兩週，一週住院療傷，一週在家調養，三月八日，兩週假期已滿，翌日須到校繼續上課。爲恐初次進團體伙食，不適胃腸，因之，於下午時，余尙備了不少糧食，其中麵包、麥粉、水果作爲基本食糧。

工作崗位，是爲全家生活之職，假期既已滿，應從工作中注意營養，否則，單位之主辦者，是依法行事，無法應付，苦何人憐？翌日，欲去上班，早晨起床尙早，但因晨早，大雨不停，則以延後搭第三班公車。第二班是早上七點正，此班無搭上，就在家看書，至八時十五分方搭上。

到校上課，同學們因半月無見面，見之特別親熱，也特別高興，余於授課之前，特別向各位同學介紹盲腸炎應注意之原則，以防危險或誤會是肚子痛而亂吃藥。於短時間內，余因有自備食糧，故暫不搭團體伙食。

到校之後，同仁工作，合作而行，從此可知，本校同仁，很有團體精神。日前，本縣舉辦中小學科學及教具展覽，本分校所作「你該選那一塊磚頭」，該件作品，因得本縣初選入圍，計畫參加送台複選，部份裝置，須再重新整理，近日以來，則爲此事而忙碌。於三月十日，連校長亦來協助幫忙繕寫標題，工作時是以視同仁特長於何專，即作其專事，於工作之忙中，同仁不分彼此，不會計較，亦不會推諉，有此合力而行，仍是本單位之一特色。

再談，出院後與同仁樂之一面，記得日前主任不在時，所有同仁在辦公廳談食爲樂，即有一位同仁之發起，每人出一百元會餐一次，爲恐口說無憑，則以簽名立約，經主任返校後，決定在三月十一日（週六）中午會餐，廚師由本分校日常主廚者主掌，並請校長前來參加。因久而無辦集餐，且我亦是剛出院，也是値日有責任，不敢喝酒，雖無法喝酒，但以華年達之飲料代酒致敬，於無形中，深感很親切，順其舉杯之歡，諸位爲我祝福，我也爲各位祝樂，人生有此聚餐聯誼，仍是一件難得之機會，也是極樂之時也。

時過境遷，已有二十多年了，憶當時我的命運，我的處境，爲了糊口，爲了養育子女，爲了還房貸，我與內人，節食儉用，其苦之情，無論物質之負擔，精神之壓力，在別人之看法，與我們的實況完全不同。別人看的是表面的，而我們負擔是實際的。其時好在壯年，尚可衝過風浪，才能病中得穩，復元得健，苦盡甘來，到了今天，我們應該享受一個好老運吧！

輯二　戰時生活回憶

輯二 戰時生活回憶

憶日軍登陸金門

第二次世界大戰之前夕，日軍就先攻打金門，在當時，因爲是農業社會時代，人民的生活，依靠種田爲生，農夫日出而耕，日入而息，金門地方，也沒有水利，所種的都是吃不夠的地瓜爲主糧，農夫都是憑流汗從轆轤井打出來的水去灌溉農作物。金門滿山遍野，到處都有裝著轆轤，在日軍要登陸之前，先用偵察機飛的很低，到處看看金門國防佈置，以當時的科技，飛機上看下來，無法看的很清楚，日本空軍，所看的轆轤，回去作研判，以爲金門的高射砲太多了，因之，據說他們所計劃的登陸戰，又再延期了，又另作密探，了解之後，才敢登陸。到了真正登陸那一年，是民國二十六年，我才七歲，原來我生之年是在民國十九年，農曆六月十三日，出生於新加坡，當我尚未週歲時，父親經商失敗，抱我回國，至日本登陸金門後，因無建立戶籍制，僞政府隨便登記我是民國二十三年，國曆七月二十三日出生，就一直留到現在的戶籍謄本簿裡。

回想日本軍隊登陸金門，我的印象還很深刻，是農曆九月二十三日，飛機飛的很低，海面上都是兵艦，我們逃到一座小山上去偷看飛機從兵艦上飛起來，飛機由航空母艦上先向水面行進，然後才慢慢的升高。還有那小小的登陸艇，也往沙灘進，那時候，金門根本沒有反抗的力量。日軍上岸後，是以五人一小組，每位士兵帶了一枝長步槍，還有一面日本的國旗。村莊的老百姓，不敢留在村裡，都是往山上樹林密集雜草掩蓋的地方去躲起來。我的堂弟他少我三歲，我的堂兄背著他跑，躲在一處草很密的地方，日軍用刺刀做掃描山野，堂兄和堂弟，沒有被日軍發現，但是堂弟的左腳被日軍的皮鞋踩到腳趾流血了，堂兄用手指說話，叫堂弟不准出聲，堂弟實在聰明又勇敢，不敢露出絲毫聲色，日軍終於走過去了，否則，他們兩位就會死在刺刀之下了。這個時候，老百姓是和日軍在躲迷藏，母親和我，在日軍登陸間，也有好幾趟在茅草田野中，和他們躲迷藏，因爲母親很關心外祖父母他們的安危，所以必須冒險去看他們。從我家歐厝村走到古崗村，這段路程，要經過東沙和珠山兩個村莊，約有三里路，我跟母親，順著密密茅草的小路走，滿山遍野，清靜淒涼，看不到一個人，在走的時候，心裡有點怕怕，一個是怕遇到日本兵，另一個怕，是因爲路上沒有任何人，也沒有聽到雞狗叫或其他動物的聲音，那種情形，心理的緊張，實在無法形容出來。走到了古崗村，家家戶戶都關著門，也看不到任何人，到了外婆家，還要拍門認聲，阿姨才敢開門。舅父是當時的自衛隊員，日軍登陸當晚深夜，他輪到巡邏，在路上遇到日本兵，比刀之下，寡不敵眾，在黑暗中，他馬上逃開，追跑間，舅父因爲地形很熟，跑的很快，逃入稻田內，就脫開了，而右手臂被日本兵的刺刀傷了一個小洞，也流了不少血，人從茅草和田野間逃離了，夜間跑回家，把自衛隊服裝的血衣含水脫下來，掛在房間內的櫥櫃邊，並沒有馬上收藏起來，天亮之後，日軍進入村莊，也進到我外婆家去，大概是老天爺在保祐，日軍只在院中看一看，就走了，並沒有進到舅父的房間，否則，血衣假使給他們發現了，以日軍的殘忍，說不定全家人會死在刀槍下。以當時我軍的國防裝備，金門無力抵抗，日軍登陸後，雖然有威脅，因爲我們沒有反抗，而並沒有亂殺人。

外祖父有兩棟房子，一棟是給外婆和舅父及姨媽等全家人住，另一棟是外祖父自己獨住，這一棟的廳堂，是他每天泡茶會客之用，連牆的左邊，是藏草的房間。院中栽了一棵柚子樹，樹上生了滿滿的柚子，我們全家人——外婆、姨媽、小舅父、母親和我，都去躲在草房裡，只有外祖父一人守在大廳堂中，日軍進來時，跑去拍拍草房的門，我們聽到拍門聲，非常害怕，也不敢哼出聲音，只聽到外祖父用很自然的聲音，喊出聲說：「裡面沒有人」。過了不久，日本兵把院中那棵柚子樹的柚子，一個一個的採下來，裝了一大籃，拿到古崗董家祠堂門口去吃，這時候，日本兵叫全村的老百姓都要出來，並且說，不要害怕，他們不會害人。我也跑去看日本兵，記得有一個日本兵，還摸摸我的頭。

事至今日，已經過了六十多年了，回憶往事，如在昨天，人事變遷，古人不在，日軍亦早已無條件投降了，而江山依舊，我們懷念先外祖父，他爲了保護家人，一人堅守大門，待日軍進入村莊時，作其臨機應變之主宰，這種頂立，是要具有膽識，也要備有穩重之心理，在一個危機的刀槍壓迫下，這種處境，並非人人都可以做的到的。我們也更要紀念先慈，她爲了孝道雙親，攜我走過敵軍的刀槍旁邊，與敵躲迷藏，冒過小村莊，這種精神，均非平凡。如今，先外祖父和先慈，也已經不在人間了，他們去另一個世界做神仙了，不知神仙是否還會回想當時和日軍在鬥智與旋陣之詳情乎？

我見金門駐大軍

人之壽命，雖然短促，在此短短之數十寒暑，余在金門尙見了兩次駐過大軍，第一次是民國三十四年前日本快要無條件投降那段時間，第二次是民國三十八年國軍大陸撤退的時間，這兩次，其時之所見，在我腦海中印象很深刻，因爲人假使生長在戰亂的時地，人之生命，毫無保障，人的生活，毫無安定，每天所會見的客人，他們都是刀槍隨身，與他談話，總是會有恐懼心，他們雖然沒有說要殺你，可是所排的陣勢，殺氣很重。在兵荒馬亂之時間內，很多老百姓之所遇，有時候是會啞巴吃黃蓮，有苦說不出，有些有學識的人，被捉去做事情，亦會碰到秀才遇著兵，有理說不清。因爲戰亂中，軍官所出之言，一切都是命令作指揮，一切是以先做再說，不必多言。而我當時，雖是童年，而見之實況，深感戰時是颱風，戰地是地震，隨時隨地，都會犧牲，自作回想，我們此般之齡，能活到今天，可以說全部都是撿來的，是很幸運，也應自慰。

第一次所見的日本駐軍，不曉得從那裡忽然來了那麼多的部隊，幾乎金門各個村莊都有駐軍，而且是占民屋而紮營，村莊是日本兵，空中有盟軍的飛機，在那混亂的時代中，好像電視中所演出的非洲動物片，大動物和小動物混在一起，有的會咬去吃，有的會被吃，或是互相咬來咬去，只有惡，而無善。故生長在戰亂時代，表面是人，事實非人，非常恐怖，非常不安。

我們村裡，也住日本的砲兵，只有兩門大砲爲拖大砲，也養了好幾匹大馬。經常看到日本兵爲馬做鐵鞋掛在馬蹄，馬實在很乖也很聽話，每當在打鐵匠的火爐邊，爲牠們比蹄的大小，都是乖乖的接著試穿。我有時候去他村做客，見到每個村莊，也是住日本兵，依我所見，感覺日本兵，可能是依國情的禮俗，與我們中國人完全不同，以洗澡來說，一些日本兵要洗澡，都是在露天的水井洗，不管旁邊有人沒有人，是男人在旁邊也好，或是女人在旁邊也好，那些洗澡的日本兵，都是脫光光，甚至當他們在擦肥皂的時候，忽然有一個軍官從旁邊經過，正在擦洗中，馬上停下，其中有一位喊了很莊嚴很大聲的立正口令，就跑去向軍官敬禮，這時，每位洗澡兵都是全身脫光，沒有穿衣服，而那位軍官仍同樣接禮。那時金門有些年齡比較大的看到了，在旁邊小聲的說，成什麼體統？聽到的人就回應的說，日本人，有禮無體，與我們完全不相同。但是，日本軍紀，從小處觀察，尙是不錯，有一次村外的空地，被盟機炸了幾個大洞，日本長官去看，我們一群老百姓也跟著去看，回來在路邊，看到一班日本兵在吃地瓜，長官知道這一定是偷拿的，所以就叫他們排隊，先訓話，再打他們的嘴巴，打完後，小兵又喊立正向長官敬禮，足見日本兵很服從。又他們軍階很有權威，只要是軍階比對方高，不管他是什麼單位，凡是日本兵或官，全國憑階級管人，足見日軍很重視階級。

第二次所見的，是中華民國的國軍，民國三十八年，他們由大陸撤退，經古寧頭一戰，即駐守金門，於到達之初，乃是兵荒馬亂，大軍來時，金門民眾，生活緊張，軍初入境，居住與飲食，雖有自備之糧食與用具，而臨中之所需，難免必須就地取材，且所住之地，亦是民宅。人多事雜，群中之個別，有之很守規矩，有之乃能亂來，幸當時的司令官胡璉將軍，他有愛民之心地，才能由危轉安，由亂轉平，使得金門，日見安定，進而不斷進步。

從上述之所見，有兩次大軍，進駐金門，以當時時局之所需，金門可說是兵家必爭之地，原此地方並無物資可供軍用，亦無都市可供繁榮，更無任何之經濟價值，而有那麼多的大軍要駐守此地。這塊小地方，可以說完全是軍事價值的地方，因爲我小時候生長在此地方，所以才有機會看到兩次不同國家的大軍。

閒聊古寧頭之戰

民國三十八年的冬季，天氣冷冷的，我是中學時代的學生，那時金門的民衆，談論有關打仗的事，到處風風雨雨，大家的心裡，似有不定不安之心情。金門中學也搬到金城西門幾所民房去上課，下午上英文課時，蘇老師還對我們全班同學說，共產黨不敢來打金門，因爲金門和大陸及廈門，還隔了一個海，他要進兵來，起碼要在海上先犧牲二十五萬人，等到他們登陸之後，還要再犧牲一部份的人，以這種來估計，中共怎麼敢來打金門呢？可是那天晚上來打了，蘇老師、他只會教英語，他也不是軍事家，不管怎麼說，在軍事，他是外行人。那天下午放學回家後，我很高興向我母親說，共產黨不敢來打金門，因爲我們的英語老師今天下午對我們班上同學作了一個分析報告，請大家安心吧。

在我家隔壁有一棟大樓，住了一位軍官，大家叫他馬大隊長，因爲姓馬，這位將軍，所有住在我們村莊的全部軍官，都要歸他指揮，受他所管，我們村莊一群小朋友，常常跑到樓上去和馬大隊長聊天。共產黨正要來打金門古寧頭那天晚上，我們這一群小朋友也是在樓上聊天，忽然間，來了一位傳令兵，他向馬大隊長報告要進來時，第一句話，請馬大隊長要先請我們這一群小孩子離開，他有話要向馬大隊長報告。我們這一群小朋友也就馬上離開了，各自回家去，而傳令兵向馬大隊長所報告的事，我們完全都不知道。在家睡到深夜時，忽然聽到小砲的聲音響了，機關槍的聲音也響了，因爲離我家還遠，所聽的槍砲聲，都很混亂，很難辨別。我和母親，馬上起床，不敢再睡，也無法睡下去，只好把家裡日前所準備的門板鋪起來，當做臨時的防空洞，我們兩人就躲在門板下，上面還用棉被當沙包。自行關在家裡差不多兩三天，就偷偷的往外看，果然門口有人了，我也就開門出去，看到鄰居的牆上，畫了一張古寧頭戰略圖，這時候，馬大隊長身穿著一件棉衣，腰部佩一枝手槍，他也走過來了，我們就問他那張圖的意思，他解釋，這張圖是一張打勝仗的圖，這一張圖叫做布袋戰術圖，共軍從古寧頭登陸後，就被我們國軍包圍起來了，無法繼續前進，也無法往後退，等於被我們用一條布袋把他們裝在裡面，他們無處可跑。

古寧頭這場戰役，差不多打了三天三夜，第一天，我比較怕，第二晝天，稍爲怕，到第二天晚上，就不怕了，利用夜晚，我還敢和村莊一位年青人，兩人跑到山上去看打仗的火花，因爲古寧頭離我家鄉尙遠，看槍砲的火花，聽槍砲的聲音並不危險，但這也是因爲由經驗而助膽力。記得共軍在打金門之前，是先打廈門，打廈門是我一生中第一次聽到激烈的槍砲聲，雖然打仗的地方，離我家還要隔著海，但是聽起來非常害怕，我的牙根都會發抖，到了第二次，共軍又攻大嶝島，離我家雖然比廈門近，但因爲得第一次的經驗，所以比較不怕。第三次，共軍攻打古寧頭，已經是金門的陸地了，比前兩次近的多了，反而不比前兩次怕，這個就可證明，人生的經驗，是非常重要。

打仗的勝敗，也要靠天意，孔明有句話，「謀事在人，成事在天」，以民國三十八年這段時間，國共兩軍作戰，國軍在大陸都是打敗仗，共軍追到金門來，以爲大陸那麼大都是勢如破竹，金門有什麼好打呢？只不過是來金門接收而已，他也認爲金門沒有很多部隊可打，但想不到，他要來打的那天晚上，國軍有一批天馬部隊，也是從大陸退到金門來，天馬部隊比共軍先到兩個鐘頭，是從金門的前水頭村登陸，登陸後，連忙趕路程，要走到安岐村（古寧頭村旁）去作戰，部隊經過我村莊（歐厝），因路不熟，要向村人問路，在那個時候，金門教育落後，村莊的人，沒有人會講國語，我那時候是歐厝村唯一的中學生，會講國語，就請去翻譯，我告訴他們的路標之後，怕有麻煩，就回家不再出來了，結果，阿兵哥就找一位鄰居的阿婆帶他們出村莊，上路之後，那位阿婆就回來了，部隊就上前方去作戰了。這也是很巧，那天晚上，假使共軍先到金門兩個小時，國軍的布袋戰術就沒有辦法使用了，又據古寧頭戰後老百姓說，共軍登陸之後，並沒有馬上去打仗，大概他們坐船太久了，肚子也餓了，因之就拿老百姓的地瓜去煮，要等吃飽後，才有力量打仗，但是地瓜剛煮熟，正要開始吃，他們就集合去了，原因國軍把他們包圍起來了，他們要趕快衝出重圍。假使他們登陸後，不作休息，不想先塡飽肚子，國軍也沒有辦法包圍他們。又據事後吐露的消息，共軍要登陸金門的計畫，並不是古寧頭這個地方，他們登陸的地點，是金門島的中心地，即瓊林村，從這裡登陸後，可分兩支部隊出發，一支向太武山進攻，一支往金門縣府金城進攻，假使這樣能實施，國軍根本無從包圍他們，也難以抵抗他們的前進，事既是妙，而他們爲什麼不依照計畫進行，而要往古寧頭登陸呢？這有原因，因爲當時共軍沒有登陸艇，都是召集福建沿海的漁船，漁船沒有馬達，船的行走，必須靠風力來推動，而帆船的駛法，與機器船完全不相同，機器船只要對著目標，往前直開，要到那裡，就可以到那裡，只怕浪大衝力也要大，坐在船上的人不舒服，或者會暈船，但行駛的速度很快，登陸的時間，比較不會擔誤效率。至於帆船，那完全不一樣，因它是靠風力，還要配合潮水，行駛之間，不可直衝，若是順風順潮而行，速度比較快，但危險性很大，若是順風逆潮，船的前進速度也不快，若是逆風順潮，或是逆風逆潮，船根本不能往目標的方向直行，它必須先往左方或往右方行駛一段路程，然後再換帆的反面，駛了一段路程後，又有再轉帆，這樣一正一反的交換，和一左一右的相轉，時間當然要擔誤，可是那些坐在船上的共軍，因爲他們不懂水性，他們在大陸，所看的是大山而不是大海，是山雞而不是海鴨，看到金門都已經快到了，馬上可以直前登陸，而爲什麼還要在那邊一左一右駛來駛去，是不是故意拖延時間嗎？或是有國特的嫌疑，共幹的指揮官心急了，就從腰部所背的手槍拿出來，對著掌舵說，請聽我指揮，叫你怎麼走，你就怎麼走，如果不聽，或是隨便改變方向，我就馬上槍斃你，掌舵的船主，明明知道那位共幹不懂水性，也不知潮水，而偏要以外行人指揮內行人，要是和他說理由，一定會馬上死在船上，所以勢迫無奈，只有服從命令，聽他指揮，結果瓊林村的海岸邊，無法靠近，隨著風飄和潮水，船就推到古寧頭海岸去了，這時候共軍就從此地登陸。上岸不久，國軍到了，從周圍也包起來了，共軍拚命要往前進攻，而安岐村前面的小丘地，因爲地勢稍爲高一點，共軍怎麼攻也攻不上，沒有辦法，就被國軍困圍在古寧頭的沙坑地，這個地方，是一片平原，全部都是農民種植的田園，根本沒有辦法可以應用地形地物來作戰，國軍與共軍，兩軍在此交火，國軍佔優勢，除了陸軍可與對打之外，還有開戰車進入沙坑，共軍有步兵而無戰車，又是平原之地，無處可躲，怎麼可以抵的住國軍的火力呢？再來國軍的海軍，駛來砲艇，從古寧頭的外海打上來，海陸夾攻古寧頭的沙坑平原，這時候，共軍只有被打，而無法打人。同時，台灣也來了轟炸機，把共軍坐來的帆船，炸的炸，燒的燒，將所有來的船，沉在古寧頭的海裡，一隻都無法回去，此種處境，共軍登陸古寧頭之後，無法前進，也無法後退，到最後，只有死路一條，雖然有少部份共軍躲在古寧頭村裡去，但到了第二天和第三天，國軍利用巷戰，和共軍對打，子彈對打用完了，就用刺刀對衝。

這一場戰爭，也是歷史上有名的一場戰役，也是關鍵中華民國的存在，從民國三十七年，國軍在大陸和共軍作戰時，都是打敗仗，一直撤退，退到台灣來，那時候先總統　蔣公也下野了，副總統李宗仁也跑到美國去了，國家根本沒有人領導，共產黨只要拿下金門，馬上就可以把台灣拿下來，想不到大陸那麼大都有辦法拿下來，而一個小小的金門島就攻不下，有人說，金門是佛地，金門人敬神很誠心，雖然經過了多次國共對戰，而金門尚在。其實，這是天意，金門假使當時守不住，先總統　蔣公也沒有機會復職，台灣也沒有了，中華民國也難保存了，所以，金門古寧頭此一戰，就是國家和歷史的關鍵。

胡將軍駐金的攻守

前駐守金門防衛司令官胡璉將軍，他駐金期間，在金門島，與大陸共軍，除砲戰外，亦有多次的陸戰，在戰爭中，有守也有攻，有攻也有守，多次之戰，都是以金門爲根據地。以駐守在金之部隊，與大陸之共軍，常用兩軍相接，打的驚天動地，中外新聞，頭版刊登。茲以詳情，略述一二：

(一)民國三十八年，這場戰爭，是在金門古寧頭之戰，當時之策略，是以固金護台，原因國軍在大陸都是打敗仗，一直撤退，退到最後，只有守著台澎金馬，以當時之時局，軍民的民心士氣，若不是胡將軍在金門古寧頭打一場勝仗，不但金門丟了，台灣也沒有了，因爲當時先總統蔣公已經下野了，副總統李宗仁也跑到美國去，國家的軍政，根本沒有人領導，共軍只要取得金門，就馬上可以進攻台灣，但經過胡將軍取得古寧頭打勝仗之後，先總統蔣公就再復職，所有民心士氣就再振作起來了。至於打仗過程，曾經閒聊古寧頭之戰，我有在民國九十三年十月二十三日，金門日報副刊談過了，不必再重複，惟知古寧頭打勝仗後，促進造就台灣經濟奇蹟，使之進步綿延至今。

（二）民國三十九年七月，共軍突襲大膽島，島中被攻佔，切斷國軍之交通，島上兩端，國軍無法連絡，賴生明在最危險的作戰時刻，衝過虎口，傳令接通，國軍才用兩面夾攻，終獲得最後的勝利，賴生明立功之後，胡將軍爲了鼓舞民心士氣，用車載了賴英雄，在金門島遊行好幾天。

（三）民國四十一年十月十日，駐在金門島的國軍，有到南日島去打突擊戰。那一年，金門中學因缺乏師資，有些老師、校長有到金防部去聘請軍方來兼職，我們班上的英文老師也是軍方一位席老師來兼任。他們去打南日島那幾天，學校根本都不知道，只知道老師都沒有來上課，也不知道他到那裡去，直到他們去打勝仗回來，才知道他們沒有來上課的原因，是因爲去突擊南日島。也因爲爲了保密，所以事前也不敢講，也沒有請假，回來之後，還從大陸帶了一個黑板擦拿到我們班上來用，並向同學報告打仗的經過情形。

南日島那一仗，國軍得了大勝利，所有戰鬥英雄，都集合在中正堂門前，也俘虜了很多共軍，都將他們集在中正堂裡面，國軍有派了很多政工人員去說服他們。我們那時候是學生時代有跑去偷聽，看共軍的言行與表態，他們的思想訓練也是很成功，以他們的反抗言詞，學生時代的膽力和經驗，聽起來感覺很不自然。除了有很多俘虜之外，也有很多武器，有各式各樣的槍，都陳列在中正堂供人參觀。至今想來，胡璉將軍，無論帶兵之方，作戰之方，都是表現優異。

（四）民國四十二年七月十六和十七日，國軍從金門出發，攻打東山島。十六日清晨，登陸艇到達東山島。我還記得，去攻打前鋒的部隊，是住在我們的家鄉（歐厝），我家（門牌五十四號）後落，是做部隊的廚房，全村約住兩營至三營的部隊，其中有一位營長名叫金元相，他本身會拉胡琴，他的太太會唱京戲，兩人感情很好，經常集合他們營裡的官兵，聽他們兩位一拉一唱，等於自己舉行勞軍，所以與官兵及部下的情感都很好。要出發到料羅灣去坐船的那一天晚上，金營長同諸官兵於進行中，人尚未離開村莊時，又回頭好幾次去看他的太太，其心情似是依依不捨。但因命令到達，還是要離開愛人。

據云，第一天登陸後，共軍根本不抵抗，所有部隊都退到後山，同時，軍人化裝老百姓，槍從窗口射出來，國軍中計損失不少。以當時，住在歐厝的那一團是打前鋒，三營抽籤，金營長是抽到前鋒的中央，正要攻打一個山坡地，以現有之兵力尚不足，與左右兩鋒，暫作按兵不動，後鋒來電，叫他們暫請忍耐，待後援兵力齊到，才同時攻山。此時的金營長，正在一塊大石頭的下面，對方的敵人，根本打不到他，但因後援尚不早來，一時心急，忍耐不下，即以一手國旗，一手舉槍，站在石頭頂上，正欲喊衝的攻令，對方敵軍，發現目標，立即機槍射來，金營長的胸前，中了一排子彈，衛士立即將他扶下，並用急救包醫治，但不可救藥。金營長因此犧牲。因他與太太，平時拉琴唱京戲，對弟兄們感情濃厚，全營士兵，看到金營長已經死了，一時怒髮衝冠，一齊進攻，終於山坡地的據點都給他們那一營攻下來了。

爲了攻打一個山坡地，金營長登陸的第一天就犧牲了，所有軍力，繼續前進，而他的屍體，先處理運回金門，到了第二天，要續攻後山，國軍亦派降落傘兵支援，因時間配合不妥，空中的傘兵和海上運兵的潮水，時差有誤，無法立即攻山，致使共軍的後援救兵已到，並以猛砲來攻，迫之無奈，國軍只好撤退，於撤退時，海水正在退潮，登陸艇無法靠近海岸，部隊要上船，有之用游泳上去，有之用放繩子使之拉上去，有之體力不夠掉到海裡，有之不會游泳被水淹死，那一次的攻打，可以說是先勝後敗，也死了不少人。過幾天，清查之後，那一仗有三百多人失蹤無上艇返金，列名之後，即見在我歐陽祠堂佈置靈堂，舉行公祭。再過幾天，又聞另有幾位沒死之老兵又再活跑返金。

戰爭之期，人之生命，不如螞蟻，當時見其敗戰退回之情形，我家原是駐軍借用之廚房，初到家時，可能飢寒交迫，有之是爲游泳逃生，只穿了一件短褲跑回來，剛到又無東西吃，看了他們那種情形，我就想到戰爭實在太殘忍，也是大罪惡。

從這次不會游泳的教訓，我就常看到國軍的士兵們，經常就在潭裡、湖裡，凡是可以學游泳的地方，他們都拚命在學習，以作準備下次作戰時就可以渡江過海，方便爬上登陸艇的演練。

又每當晚飯之後，我看了歐厝各家各戶的門口，都有阿兵哥在開小組會議，他們所討論的議題，都是這一次攻打東山島的內容，於檢討得失之後，有的提議說：「我們可以再去打一次」。聽他們的話，看他們的意志，我深深感覺，職業軍人，最喜歡的工作，還是打仗。

白天到了金門中學去上課，總會看到很多軍官，都集合在中正堂，由胡司令官的主持與演講，也是在討論與檢討打東山島這一仗。

想起攻打東山島部隊退回金門的那一天，除了少數爲趕上登陸艇衣服不整之外，其他的部隊，仍是隊伍整齊，走回原住地的歐厝村。金營長的太太爲了要迎接她的丈夫打勝仗回來，她穿了漂亮的衣服，心情也很愉快，就跑到村外的公路上去等，看到隊伍走來，金營長的太太就問弟兄們說：「這一仗打的怎麼樣？」大家說：「我們打勝仗回來了。」她又問弟兄們說：「營長在那裡？」大家就騙她說：「營長在後面。」她就趕快往前去看，看來看去，在隊伍中看不到營長，後面又有一隊走過來，她又問，營長呢？弟兄們也不敢說真話，對她說，營長受一點輕傷，送到沙頭醫院去，她馬上就跑到醫院去，在醫院裡，找來找去，也找不到營長，她看情形不對，一直逼問營部的人，營部的官兵，仍不敢說實話，騙她說：「營長受傷，送到台灣去醫。」第二天，她趕著要到台灣去看營長的傷情。逼到最後，營部的官兵們，不說實話也不行，只好說：「營長登陸東山島的第一天，打仗犧牲了。」

營長死了，他們兩人的感情那麼好，平時對待官兵那麼親切，看到營長太太哭的很悲哀，全體的官兵們，都陪著她流了很多淚。這段時間，營長的屍體，尙不敢給她看，直到要埋葬的時刻，才去請她來，去看的時候，她拿了一張自己的照片，放在金營長的手中，她本身也要與金營長同時埋在一起，官兵們看到這種情形，就趕快把她拉開。

胡璉將軍，凡事顧慮周詳，用兵之前，攻防兼施，他擔心金門的部隊若開到東山島去，金門會變成空城計，萬一閩南沿海的共軍，也會來攻佔金門，到那時候，無兵抵抗，得不償失，爲了萬無一失，必須先了解閩南沿海共軍的兵力，因之即問金門地區黨務特派員辦公處總幹事鄭植芳先生（胡璉離金，他接任特派員），鄭先生是一位忠黨愛國的中國國民黨黨員，他就答應胡璉將軍說：「我願意親自冒險到閩南沿海去打聽戚友，了解閩南沿海共軍的兵力。」以當時的鐵幕，凡是陌生人進到大陸去若被發覺，必死無回，胡將軍就問鄭先生說：「萬一你被共軍抓去，那你要怎麼辦？」鄭先生向胡將軍說：「你拿一包毒藥給我，隨身攜帶，萬一我被抓，我會馬上將那包毒藥吞下去，以死報國。」

鄭先生因爲他是閩南人，沿海地帶，熟人很多，經親往密訪，了解沿海的共軍，全部調到北韓去作戰，福建沿海，並無軍隊。回來之後，將所了解詳情，立即告訴胡璉將軍，請他放心，可立即攻打東山島。

再說胡將軍駐金門時，他的策略，有守也有攻，有攻也有守，他所行的計畫，是以陸戰為主。記得他在黨代表大會演講的時候，他說金門的大砲再撤掉一半以上的數量，他還是有把握守金門，他認為共軍若大量來，台灣可用飛機來消滅他，若共軍以少量來，不用打，要用俘虜他們。除軍事外，他也注重金門的經濟和開闢財源，並特准香港船來金營商。又除軍事攻守之策略外，還重視金門的美化，種樹和築公路。

大膽勞軍記

民國四十五年，我服務於金門縣金山鄉，所擔之務，是民眾服務站工作，其時金門之處境，是居於戰時戰地，各務之行，都是軍事第一，在工作重點，敬軍之務，必須重視，站裡每月至少須開本鄉政治綜合小組會議一次，參加的人員，是以本鄉各單位的主管來出席，所討論的工作項目，都是本鄉應興應革之事情。各單位之中，最有實力的，還是行政單位的鄉公所，因之，許多要做的工作，在討論後之議決案，還是請鄉公所主辦。

勞軍一務，需要人員，需要經費，行政單位（指鄉公所）若不答應，根本是不可能動起來，但政治綜合小組的會議，以各界的主管可以結合情感，造成黨政軍之聯誼，是最有效的組織。

當時，金山鄉的總幹事楊耀明先生，他承辦行政工作很認真，爲了要組織臨時的勞軍團，就請他負責。在本鄉各村中，選取了不少能歌善舞的小姐，就組成了一隊可以登台表演的勞軍團。

勞軍的主辦單位，不只全靠鄉公所的行政力量，最主要的，還要靠軍人之友社，因此單位，可以通達中央，欲爭取經費，以他們的單位出名，當然比較容易。若只靠地方上，出一點力，還可以勉強找出幾位青年或小姐，若談經費，金門原本就是窮苦的地方，有些事雖然想做，但在經濟上確實負擔不起。所以，只可用配合推行，以單位與單位，機關與機關，彼此合作，有錢出錢，有力出力，才有辦法拿出去，亦才有辦法做成功。

勞軍工作，原是軍友社之主務，若憑靠台灣欲來之人員，未必可比由金就地取才之方便，因之，組織地方臨時的勞軍團，軍友社當然是很重視。

民國四十五年，六月二十日，鄉公所與軍友社商酌後，在當天的傍晚，鄉公所通知了該參加的青年和小姐，先將他們集合在鄉公所，等待有關單位派車來載。全組人員，人數不多，只有十幾個人而已。專車到達，我們上車之後，就直達料羅灣去上船。

此次所安排的，是要坐小型的登陸艇，因小艇須再從他處轉來，所以我們只好在料羅灣等候。在船未到之前，此時的海軍們，有人發起建言，請勞軍隊先來個演唱，並以掌聲不斷的鼓勵，此情之下，只好來個獻醜。

爲了等船，又無事閒坐，在他們熱誠的請求下，不答應，似亦是不好意思，而臨時之需，亦無場地，因之，就在沙灘上表演了兩三個節目，不久，船來了，演唱馬上就停止。我們就上了登陸艇，直往大膽島前進。

以當時的時局，金廈的戰況，隨時都會發生，不分白天或晚上，一天二十四小時，隨時隨刻，都要提防砲戰，尤其往大膽島此程，途中亦會常遇到共軍派來的水鬼隊，故途中乃是甚危。

當夜的天氣很好，風平浪靜，空中月明星稀，水波不興，海水無聲，惟聽快艇行駛間，有點微微「沙沙」叫艇向前衝。看那一片藍色的海上畫面，六月季節，已登夏天的夜晚，坐在艇上的工作同伴，夜間又是不熱的氣候，往前一看，對面的石壁，已經將靠近了，雖然是自己的管區，但因距離廈門太近，怕被共軍發現目標，不但艇上不敢有絲毫的火星，甚以連大聲的呼叫也不敢。若以賞景之想法，暗中的畫景，其舒服之心情，都是由美好的天然環境而所賜。坐在艇上，心情雖悅，而尚有美中不足之心理，認爲渡過此短短之海程，是與大陸最接近的地方，而兩軍（國共兩軍）之對峙下，隨時隨刻，都會交鋒，若來臨發，我們這十幾人的安危，那就聽天由命了。

登陸大膽島當夜，雖然是自己國軍所駐守的土地，而我們要去的自己人，乃是偷渡之心情，無用燈光，也無用信號，以月亮代燈火，照亮我們，不會走錯方向，亦不會給共軍發現目標。於夜間艇正要靠大膽島的海岸時，島上的國軍，早已派人在岸邊等候我們了。

上了岸，以步行入境，走到一個山邊下，此地廈門看不到我們的目標，山腳下建了一個戲台，前面的空地，已經坐滿了部隊要看勞軍團的表演。看到我們來了，大家心情愉快，拚命鼓掌歡迎我們走進其地。我還記得剛爬上岸，看到蔣經國有寫了一對聯：「大膽擔大膽，島孤人不孤」。

因此地是戰區，又是夜間，我們只到那個地方，其他的地方，我們都沒有去走一走，或是到他地看一看。小姐們上台表演歌舞完畢後，當夜馬上就再搭艇回大金門。

到時已晚，車先到後浦南門楊總幹事之家，並煮豬肝和麵線吃飽後，才分送各位返家。

金門莒光演習的回憶

這五十年來的金門，除了民國三十八年，國共在古寧頭陸戰之外，所有金廈之戰，都是隔海砲戰，在那時期，兩岸的將官及士兵們，好像很喜歡打仗，看他們每天所忙的工作，都是爲打仗作準備。甚以連基層的公教人員，也必須配合他們的行動。否則，你就沒有資格當公教人員了，在那時候，從中央到基層，可以說，都是黨政軍一元化，當時，爲了確保金門，經常舉行軍事作戰演習，其中有一次，舉行了一個很有名的演習，那就是莒光演習。這次的演習，真的是做到黨政軍一元化，所有機關學校、交通管制，都是以黨策劃，以軍政採取行動，其逼真的程度，雖然名義上是演習，而所推行之工作，可以說比民國四十七年「八二三」真實的砲戰更逼真。

演習的戰爭，雖然是假設的，但因過程中有裁判、有評分，大家爲了一份工作，爲了要吃飯，命令到達，絲毫都不敢馬虎，不敢作假，大家的認定，明明知道是演習的，但也要假戲真做。真正的「八二三」之戰，反而沒有裁判官，也沒有記分數，只要各自警覺，各自注意，是死是活，各自負責，那些裁判官和記分人員，根本都沒有。

金門莒光演習的時間，開始戰鬥的日期，是自民國四十六年三月一日起至同年同月三日下午六時告一段落。那時候金門的民生，雖然是不好，而各家各戶，仍以儲糧備戰。民間的消息，也不知道是要真打或假設，也不知道這場仗打下去要拖延到什麼時候，民間的心意，只知道戰爭要爆發了，其他一概都不知。

那時候，我也是吃公家飯的基層職員，我是擔任金山鄉民眾服務站主任，這件工作，在民運工作是服務民間，而對上級的工作，是要辦理黨的業務工作，在演習開始時，還要連絡與配合軍政的工作。軍政的基層人員，是以奉令行事，而辦理黨務的人員，上級視爲核心人員，所有假設敵的情報資料，敵人在那個地方做破壞工作，上級一定會先告訴我們，由我們再連絡通知軍政人員去包圍會發生事情的地區，然後才有辦法將假設敵捉到。甚以有時候會假設某某地方有多少兵力，我們要派多少部隊和民防隊去壓制他們，那種真真假假，假假真真的演習作戰中，有時候我軍會抓到假設敵，有時候也會被假設敵抓去，人家說，人生如戲，其實，戰爭也是如戲。當一個從來沒有上過戰場的人，聽到打仗，會很害怕，其實，上了幾次戰場以後，會感覺打仗很熱鬧，也很好玩，難怪以前那些老兵與老將，他們很喜歡打仗，因爲他們從抗日八年的經驗，天天生活在戰場，假使沒有仗打，他們會感覺寂寞，會感覺無聊。一個人假若沒有工作可忙碌，他的精神會無寄託，也會很痛苦，這也是人性的弱點。

從演習之體會中，生活就是戰鬥，無論體力、智力、經驗與學識，都是離不開當時的生活與戰鬥，假若沒有具備這些條件，似也是無法勝任這些工作條件，更沒有辦法求得一份安定的工作。還好，當時尚年輕，體力尚健壯，所以參加了這次的演習，雖然付出很渺小，而仍盡了一份時代需要的心意，參加了大規模的金門莒光演習。

演習之前，就有相當的準備工作。從金門最高的黨務特派員辦公處，再之金門縣委員會，各鄉鎮的民眾服務站及各村落的各個小組，自民國四十六年二月二十五日開始，都是採用機密的方式，進行開會與討論，計畫工作之分配。同時，鄉鎮以上的黨工人員，也必需參加軍方師團的黨工人員之計畫作戰會報。其時所欲行之工作，是以黨工為核心。服務站的常務委員，雖是鄉鎮的單位主管，但在法律上，有些地方不見得懂，好比對軍事行動保密方面，他把它當作一般的行政業務來處理，這個就不對了。記得當時兼任金山鄉民眾服務站的常委葉春棠先生，他年齡雖大，仍好高騖遠，又不信任專職的人，往往不管大事小事，都要以公文作運轉，其實，軍事行動，都是機密的，甚以有時候，從演習中說不定將部隊開到大陸去反攻大陸，用公文運轉，最容易洩密。所以應盡少採用公文轉行。但葉先生的想法與看法，沒有公文做依據，將來要請功報獎，用口頭作憑據，難以得到，因之，於作業中，不分等級，無論什麼事，甚以一點點的小事，也要擬一張公文稿，這種作法，不但容易洩密，而且也很浪費時間。以當時窮單位的經濟能力，連買一台打字機都買不起，一張公文擬稿完畢之後，就要用刻鋼板寫在蠟紙上，再行印刷，還要蓋印，寫公文信封後，才可裝封而寄出。所寄出之事情，只不過是連絡情況，傳達消息，配合行動，只要一通電話，什麼問題都可以了解了，而他要採用忙半天的時間，報告上級請功，通知各小組知道。像這種費時費力，又最容易洩密的工作，既不科學，又費浪，而他的個性，非常堅持。與這種人做同事，好像是秀才遇著兵，有理說不清，一不小心，就會犯到洩密罪。以當時金門地區黨務特派員兼司令官劉玉章將軍，從大陸打仗就是很出名的虎將，其軍令之嚴，所有軍民，無人不知，無人不曉，我若不慎，可能會被這位好大喜功的葉先生害死。

記得莒光演習開始的第一天，也就是民國四十六年三月一日，我接奉軍方來令，指定當日下午六時，必須參加五一七三部隊，在珠山大樓參加特種黨部區黨部委員會議，討論此次作戰，本地可以動員多少能量之外，並與該部作了密號，以備連絡各村落之動員。在這種行動中，本應愈密愈好，但回後報告給葉常委知道，他仍是要死抄內容，並馬上要頒發公文、公佈大眾周知，我見他這種處理機密文件，明明不懂他又要懂，明明不可馬上行他又要行，簡直是拿生命在開玩笑。見他這種做法，我對此事，實在很不滿。

當戰爭期臨，方知才智，非常需要，任用之行，必須慎重，若患主觀獨霸，不信任人，明明不對，又要單以一面爲主。至其後果，可能會患一失足而成千古恨，而與那種人同謀，若不特別謹慎，則失敗是必然也。余見他那種貪功好施，不慮後果，雖心不樂，而戰爭已開始出情況了，這個時候，更須寧靜致遠，不可意氣用事，否則，敗壞之責任，上級要追究，要查辦失職者，當然是以專職有薪水的員工拿來開刀。

原做事者，應以整體全盤作計畫，而他之想法與做法，是以爲自己作打算，葉常委就是一個實例者，社會的人，世間人的心，世界上的事，無奇不有，經過這場的接觸，深深感覺，經一事，長一智，凡是貪功好名利的人，若缺乏整體利益之立場，這種朋友，只有私利，而無道義，這種人，千萬要小心。

以當時的工作量，若依原有之工作人員，實在無可勝任，因鄉鎮單位，正好居於中間，對上級，要應付縣級以上，對同級，要配合軍方，也要配合行政單位，對基層要連絡各村里各小組，上上下下，前後左右，四周的資訊，常常會與本單位作連絡，不但電話不斷的來，加上亦要處理業務，分發公文，實在應接不暇，見其實況，非再臨增人員不可，因之，就聘了林炳耀和王永川兩同志來協助處理業務，方勉強渡過了這場演習。

演習之過程中，不外乎分爲內勤與外圍，全金門島，無論是村莊、城市、高山、海邊、公路，每個地方、每個角落，都有軍隊和民防隊固守。所有的交通，全部封鎖，看不到車輛，也看不到行人，只有一兩部的巡視裁判官的車，偶而才會看到。臨時有事想走出，也是走不出去的。記得在工作之急忙中，我接到上級來一通電話，該件工作，不可以在電話中講，必須親人去。我就騎了腳踏車進到城裡去，要會辦那件極機密的事，剛到城裡，就被民防隊擋住不准通行。好在我身上有演習的特別通行證，否則，不曉得會被他們罰站多久。因爲作戰是以軍事第一，什麼人講情也沒有用。

至於工作方面，無論內勤或外務，都很辛苦，不分晝夜，一天二十四小時，都沒有辦法休息，也沒有時間睡覺，每當疲勞想睡一下，眼睛尚未閉上，電話來了，很多緊急的事情，必須馬上處理，否則，過了時效，再也沒有辦法可以補上。這是內勤的苦情，至於外務，他們是以軍事行動對抗敵人。所獲之戰況，亦一定要立即報告。有些單位，爲了要多一點成果，採用虛報，以少報多，至其檢討會時，總裁判會馬上點出來，因爲所派出去的假設敵，於某時某地，有多少數量，你所報消滅的敵人，若不相符，必會查出，所以演習比真實的戰爭更正確。

金門莒光演習，自民國四十六年三月一日起，至民國四十六年三月三日下午六時告一段落，從準備到結束，計有一週之忙碌。三月七日，舉行檢討會，鄉鎮以上黨工幹部均帶成果出席，由司令官兼黨務特派員劉玉章將軍主持，決定獎懲，於檢討會中，發覺有一單位，於演習之行文中，忙中筆誤，文字上欲寫「金門地區」，誤寫「金門地匪」，將「區」字寫成「匪」字，特派員兼司令官劉玉章將軍大發脾氣，後來，那位誤寫錯別字的單位主管被處罰解職。

想起當時戒嚴之期，幹部的工作，民眾的生活，隨時都要「點點金」，否則，你想求生，實在困難，那有像今天金門的幸福。

金門「八二三」砲戰當天始

民國四十七年，八月二十三日，金門發生了國共兩軍大砲戰，從這一天開始，連續打了四十四天，成爲了世界聞名之戰，在共軍之策劃下，可能是要進攻金門之前，必須先用砲火攻打。這場砲戰，時過已久，難免有點健忘，我爲了要寫這一天的回憶報告，昨天，特地從家裡找一找我的日記，參考之後，才想出我那天不忘的情形。

原先未戰之前，金門的軍民，已有備戰，時局雖然很緊張，而士農工商，生活之運作，乃很正常，而且民心士氣，也很旺盛，認爲作戰若開始，軍民之配合，只聽號令，並無他想。尤其老百姓，爲了生活，往山上耕作，與平常無異，惟軍方堅守崗位、有較嚴勤。那天上午，我騎了單車，到金門街去購物，街上人馬，車輛來回，乃很熱鬧，根本沒有人想到當天金門會砲戰。

到了下午六時三十分，我在家鄉歐厝，和兩三位鄉人在一塊石岩邊聊天，忽然有聽到金門遠邊，到處都是猛烈的砲聲，我們認爲這是國軍在演習，但連續不停，打了一個多小時，看起來，這不是國軍演習，因之，大家就趕快回家。後來才知道，那天金門受共軍的大砲猛烈射擊，爲什麼國軍的砲兵無反擊呢？據云：因爲電線被間諜人員剪斷了，那時候的電信，沒有像今天這麼發達，甚且，當時的大哥大都還沒有出生，要從那裡去打聽消息呢？因爲軍方電線被破壞，連絡不上，砲兵得不到消息，只在砲陣地等上級命令，沒有接到命令，不敢發砲反擊，所以只好被打。又據云，一位勇敢負責的砲兵營長，忍不下去，就在猛烈的砲火下，親自開車，冒險到金防部去問，爲何上級不發命令反擊，知道原因回陣地，就馬上反擊，從此開始，雙方就打了四十四天。

當時的胡司令官，在太武山兩峰之峽谷中，有建了一座水上餐廳，看起來，似是谷中另一小島，島周環境優美，島上有山峽，島下有流水，島上路橋，可以直通太武山內之坑洞，住在那裡，既美麗又安全。但想不到，「八二三」那天，國防部長，由台來金，正在和幾位將官，同在島上廳內，可能是在商討國事，而共軍不知用什麼方法，以百發百中，當天打死了三個將官。司令部之事，是據傳聞之消息，砲兵陣地，是以反擊固金門，其他兵種，是以堅守崗位備待共軍之登陸戰，金門之民防隊，列編參加配合作戰之行列，其時，我也受編入民防隊並被派任珠沙村分隊長，而我領之槍，與一般隊員不同，他們是領步槍，而我是領衝鋒槍。

以我經驗有感，戰爭最可憐最危險，還是民防隊列首先，因爲當時金門戰爭、只是固守、而非進攻，阿兵哥只要擦槍守陣地，無論吃的用的穿的，國家都爲他們備的齊全，而民防隊就不是這樣了，他們在砲火中還是要到田裡去做工才有飯吃，到了打仗開始，就要到戰區去報到，否則，還是依軍法照辦。

回想「八二三」那一天，從砲聲響起，金門的軍民，人人都很忙，軍人守崗位，民防隊武裝配合備戰，老弱民眾準備躲防空洞。每人之心理，總是要了解今天情勢如何，而當時的資訊，科技又不發達，民眾無法當天就知道，你想得詳情，惟待郵差冒險送報來。

從那天開始，金門無論軍或民，都進入緊張狀態，尤其防空砲洞之整修與設備，均特別加強，雖然砲火很猛烈，但民心士氣，乃很旺盛，士農工商，乃照常工作。在備戰當中，民防隊員，若接到命令，必立即武裝；至於老弱方面，亦必隨即進入防空砲洞。砲戰之間，民眾要知道消息，當時電信不方便，亦沒有電視，所以必須依賴報紙。

砲戰雖然是危險，但人民乃必須冒險謀生，除了利用砲戰暫停的休息時間到田裡去工作外，也要撥時間挑菜到金門街上去賣。有一位農夫，因穿民防隊的衣服（軍服）去集合，訓練剛完畢回家，急的要挑菜上街去賣，那套軍服，是自掏腰包的錢，他沒有馬上換便衣，肩上挑著菜，腳下打赤腳，鈕扣沒有扣好，頭上沒有戴整齊的帽子，被憲兵看到了，說他服裝不整齊，把他帶去問，問他是那一個單位的部隊，是那一師、那一團、那一營、那一連……？那位農夫回答說：「我是八〇五部隊」。憲兵很認真的查，怎麼查都查不到金門有「八〇五」部隊。再問他，到底是那個單位，他又答，是用台幣八十元零五角買來的，所以叫做八〇五部隊。

在砲戰中，奇奇怪怪的事情很多，鬧笑話的事也不少，戰地雖然很危險，但在沒有被砲打死之前，也有幽默的一面，也有快樂的一面。

戰地看熱鬧

日記，是確認時間的證據，人老了，過去的事，我雖然健忘了，但我參考它，我就回憶起來了，在民國四十四年十一月六日的下午，天氣晴朗，我在家鄉（歐厝），享受了戰地看熱鬧，欣賞著三台同時在異地各自演出的表演技術，那種眼福，不是住在戰地的人，是永遠看不到的。

所謂三台，並非電視那三台，因爲那時候金門還沒有電視，而是實景的三台；第一台，是指戲台的台、第二台，是指揮空軍那一台，第三台，是指揮陸軍的那一台。

在還沒有講看三台表演之前，我先來介紹我們家鄉（歐厝）地形的特色，這個地方，是在金門島上靠近東南邊的一個小村莊，村莊靠海邊，也很偏僻。我從小到大，都是住在這個村莊，在平日的生活，可以帶伴去散步沙灘，也可以觀賞海岸和無數的木林，或是與伴同坐在石頭上聊天。住在這裡的人，感覺很清靜。而無伴的人，會感覺孤單、寂寞，無處可玩的心情。但自從國軍由大陸退守金門後，這個地方，就比以前熱鬧多了，因爲這個地方，開闢了臨時可以聚集的場地，它又不是廣大的操場，而是有高低不同的地形，最適合軍方的使用，所以，每當軍方演習的時候，住在我家鄉的人，那就有眼福了。

村旁有一所小學，於未受併之時，校名是愛華國小，在民國四十四年以前，這所學校還沒有興建。校址的後面，是一座小山丘，小山坡的下面，國軍建了一個克難的康樂小戲台，每當台灣來了勞軍團，都會集了附近很多的軍民在此地看表演。

此山之名，自古傳今，村族先人，名它煙墩山，站在山坡上，可以看到左邊一片海洋，那就是台灣海峽，往陸地前方看，可以看到一片沙漠地帶，沙漠上也有小沙坡，沙坡前也有丘地，只要部隊在那邊作戰演習，無論是戰車也好，車隊也好，步兵隨行也好，部隊的行動，兵力的進攻，在演習中，無論是機關槍、步槍……任何武器，阿兵哥在沙場上的一舉一動，都可以看得清清楚楚，所以每次部隊作戰演習的時候，我的家鄉都很熱鬧。因為地形適合瞭望各兵種的戰況，指揮官為了要發揮他的戰果，都選擇這個地方來演習。

民國四十四年十一月六日下午這一天，天氣良好，台灣來了勞軍團，他們就到煙墩山坡下的小戲台來表演，也很巧，那天下午，台灣也來了空軍，他們是為配合金門的陸軍在沙漠演習而來的。同一個時間，而在不同的地點，各表演出不同的技術，而看表演的人，是站在同一個地方，同一個地點，可以看到台、空、陸三種不同的表演。戲台上的表演，是唱歌、跳舞、變魔術……等。空軍的表演，是以實彈演習，射出燃燒彈打中目標。陸軍的表演是戰車進攻據點，步兵隨後攻佔要地。山坡上是各將官陪同先總統 蔣公瞭望戰況，山坡下是軍民在看康樂隊表演，空中是空軍在繞戰區，沙漠地是陸軍在登陸作戰演習。而作戰的指揮官，他開著小吉普車到處視察，剛好，他們的指揮車也從戲台旁邊經過，看到台上漂亮的小姐正在表演歌舞，他們的車子也稍為停一下，順便看一看歌舞團的表演。他們看到戲台下觀眾那麼多，也要來一下空中表演給大家看，手上就拿著對講機，對著在空中的飛行員說「這邊有很多觀眾，要看你們的技術表演，請露一手給大家看。」飛行員聽到了，飛機就在空中翻來翻去，看的人內心又驚險又高興，大家鼓出很大的掌聲。

原本此地，在平時，是一個偏僻、清靜、寂寞無人願住的地方，可是這一天，大不相同，原無人，變多人，原無聲，變高聲，所來的人，不僅是軍人、也有人民，所發出的聲音，有沙場上的槍砲聲，有空中的飛機投進海邊的礁石聲，射出燃燒彈炸中目標的聲，戲台上有歌舞聲，戲台下有掌聲，有歡笑聲，有喊叫聲，各聲之合，熱鬧非凡，沒有一個不高興的，沒有一個不快樂的，那時候，我就自找一處適當的中心地點，站在那邊，看那三個不同的單位，表演出各不相同的技術，心情很愉快。我回想當時的台，空、陸三大表演，至今已近五十年之久，這個懷舊，會使我終生，永不遺忘。

戰時十日記

生活在戰地，日聞砲聲，可說是家常便飯，因聽慣了，也感覺砲戰並不稀奇，也沒有什麼可怕。但是，從民國四十七年八月二十三日下午開始，金門的戰時生活，就跟往常不一樣了，從這一天開始，連續不斷，打了四十多天，爲了要了解當時實況的回憶，我參考了十天的日記，作了一次簡單的報告。日期是自民國四十七年八月二十三日起至民國四十七年九月一日止。

（一）八月二十三日（星期六），氣候晴。於砲戰之前的近月中，台灣海峽，時勢緊張，故金馬備戰，有早作準備，當時金門的民心士氣，均以熱烈，迎接勝利，實有把握。於砲戰前，士農工商，各勤其務，視戰爭如平素，毫不緊張，惟待號令之集，必立即武裝整齊，以備戰鬥，以當時金門的民心士氣，都存有一種未來已有把握及必勝之信心。至其當日下午六時四十分開始，於不知不覺之無意中，砲戰果然發生了，砲戰之過程中，我已在金門日報民國九十四年三月二十六日副刊已有談過了，現在不必再重複了。

（二）八月二十四日（星期日）氣候晴。這一天，金廈砲戰非常猛烈，雙方對打的砲火，都很兇猛。為恐共軍來登陸有準備迎戰，亦為爭取勝利，當日縣府下令通報金門民防隊員，隨時武裝及武器齊備，並通報防空洞必須加強整修。我們在本村（歐厝），除了齊備武裝之外，並且在下午，本村的民眾，都動員起來了，全體的力量，專作整修防空洞的工作。修至六點多鐘，警報聲又緊急的發出來了，全體的民眾，就很迅速進入防空洞，這時候，共軍的大砲，就開始向本島（金門）射擊，頃間，國軍的砲兵，也就開始反擊，這段時間，雙方的射擊砲火都很猛烈。防空洞內，因面積小，人又多，所以小孩子們都是哭和叫，那種雜聲，秩序實難維持。戰至很晚，方停止火力，以當時的聽聲與研判，是國軍射到最後數發才停止，一般的說法，今天的砲戰，是國軍勝共軍，為什麼？因為兩人打架，不再還手的人一定是輸的。

又據一般之說，當天下午，也有海戰，但因近日無報紙可閱，故無法了解詳情，而從各方之消息，當時的勝利，都是很有把握。

（三）八月二十五日（星期一），氣候晴。因砲戰兩天以來，地方上的治安問題，及備戰中之工作，變成是一件很難平順，也很難處理的問題，尤其是在自己的村莊，自家的族人，不敢用法令而行順服。在城市，因有憲警，若發生意見不同，彼此不睦，不論大小事情，比較有辦法，也比較容易處理，所以治安比較良好。但居農村的地方，都要靠村公所來維持秩序，實在很難周到，只有請自然村當地人協助處理。又在這幾天中，共軍的大砲，向金門射擊也很兇，而且也有飛機向金門的領空飛行。因此之下，防砲工作及備戰工作，一天比一天緊張。八月二十五日這一天，我們自然村（歐厝），於上午爲了修理防空洞，竟有小部份的族人，引起了工作不平均的不滿，提起了住區的界限，及六和七鄰的分別，造成意見多多，使處理的人，實在很難受。

當天下午，共軍的飛機，又再進入領空，大家就爭進入防空洞，因洞的容量不夠大，大家雖然勉強擠進去，這時候，洞內就發生了不少族人在吵架。你一嘴，他一嘴，從這些吵嘴中聽起來，大家都很不安寧，雖爲避難，但治安不好，也不是辦法。余見其情，即以勸解方法，以作解危，維持之後，至終雙方無事，以渡難關。經此見感，戰亂之時，治安之務，乃是一件很重要之工作。

（四）八月二十六日（星期二），氣候晴。連日以來，共軍的大砲，不停的向吾島大小金門射擊甚兇，企圖登陸金門島嶼，但因國軍戰備充足，心存迎戰取勝之信心與決心，必有把握。在此風雲之中，凡有任務者，各守崗位，惟因一般無任務者，經常爲躲防空防砲，因行動緊張，故秩序較亂，尤其歐厝一些淺智的婦女及民眾，氣量太小，因此，近日她們不但無互助合作，且互相吵嘴甚多。這也是證明亂世的行政工作，防範之務，並無澈底，因之，治安甚亂，小事特多。

正在風雲之亂中，忽來號外消息，報導今日上午八時，共軍米格機八架，飛向我台灣投降，金門軍民聞知，其歡樂之心情，實難形容，在此證中，大陸反共之情，當時情勢，可見而知，更對此場戰爭，更有必勝之信心。

（五）八月二十七日（星期三）氣候晴：自共軍大砲向本島（金門）猛射擊以來，島上近日之中，無論軍民，都很緊張，號令之下，應備迎戰，我民防隊員，均集合待敵，決心欲取，迎接勝利之來臨。民防之集，惟作待應，並無任何工作，惟有專門注意非法份子之活動，以固地方之安全。

再之，無事之間，就是閱報，關心國事。八月二十七日這一天，金門正氣中華日報，有發表美國空軍混合配合作戰，得此好消息，民心士氣，更加旺盛，當時共軍，雖然不停射擊，而島上之軍民，都是有決心要迎敵來臨，也抱有信心，有把握必可取勝這一場戰爭。

原是有信心之情況下，又有得了中央日報的消息，東碇海面作戰奏捷，國軍海軍軍艦，擊沉共軍海軍三艇，另有五艘共軍的魚雷快艇亦負傷逃逸，共軍兩度進犯東碇，均被我海軍擊退。又在本島空戰，擊落共軍米格機兩架，有此消息，共軍與國軍作戰，在本島上，已揚至全世界重視了。

（六）八月二十八日（星期四），氣候明：由於閱報之判斷，金馬這場應戰，美國至今，相當重視，若在金馬，戰爭繼續爆發下去，可能會引起世界大戰，美國如今，把金馬亦列入協防在內，可見這場戰爭若再戰下去，並非簡單之事。共軍之心，雖抱有冒險之行動，但未必有可能侵佔金馬的。

在八月二十八日這一天，我接到夏中興之專電，函中通知，吾等同志，要拿出連繫配合之力量，以及將保安資料，加重整理，並監視可疑的地痞和流氓等等之份子。在此證中，金門之戰爭，顯然已有行動配合隨時性之準備了。又連日來，共軍大砲，不斷向我金門射擊，在此緊張之金門島，吾等同志，是有相當之責任，所以必須加強備戰。

（七）八月二十九日（星期五），氣候晴：從數日來之砲戰中，這一天，更是猛烈之砲戰，看起來，一日比一日強，一日比一日兇，尤其在今天，由天剛亮開始，就有零碎的砲聲，在本島上各角落亂響，此情之下，凡是經驗不足，膽力不夠的人，受著共軍這種亂射之砲，生活實在無法安定，地方的秩序也難以良好，心情亦難以定靜。

今天的砲擊，可說整日無休，且有幾場非常猛烈之對抗戰。雙方互不相讓，從白天一直打到夜間，整天整夜，都無休息。

在這種戰鬥中，老百姓的生活安定不下來，地方上的秩序，維持不下來，我個人的家庭，也是互相吵起嘴來了。原因我的長男剛出生只有兩三個月大的嬰兒，母親很信佛，凡事都要由神作排比，地方上的神爺說我的嬰兒要禁百日關，不可隨便抱出家門。而砲戰又那麼激烈，勢迫無奈，只好棄掉母親的迷信，從這一天晚上開始，有廢除百日關的禁約，就將嬰兒亦抱到外面的防空洞去住。在防空洞裡，人多嘴雜，秩序太亂，空氣也不好，無論心理與心情，都是痛苦，沒有得安，與住在家中作比較，當然無法如家中好，但爲了要逃命，雖然是痛苦，大家還是要躲在洞裡。

爲了處理嬰兒的雜務，一下子要抱回家，砲戰又猛烈了，又要速跑抱進洞，要尿布，要吃奶，還要換衣服，嬰兒又不懂事，怕他哭，怕他肚子餓，怕他冷，怕他熱，做一個戰時的人，不但大人痛苦，兒童也痛苦，嬰兒雖不懂，但也是很痛苦。內人爲了嬰兒忙，母親爲了金孫忙，我做父親，當然也是忙。人急忙的時刻，心情不好，情緒不穩定，說話不客氣，種種之下，爲了保護自己的嬰兒，我與內人，有生吵嘴。從此體會，戰爭是罪惡，不但害國，也害家庭，也害人民，幸我們懂得治家之方，凡事以忍，若欠修養的人，遇戰亂時，原是危險，還會更加危險。

（八）八月三十日（星期六），氣候晴：我們的信心是主觀的，因近日中金門的砲擊，見其風雲的情形，在每日之新聞報導，報紙上都是排在第一版頭條新聞，無論中外的報刊，都特別重視，從各方之觀察，就可證明金門目前之重要，因此，世界才會這麼重視。有許多專家，在報紙上有發表政論，認爲金馬之戰的發生，在台海可能會引起全面作戰，也就是世界大戰，所以，金門的重要，是人人所能知的。不要認爲金門地小，而忽視了這場戰爭。而處在當時金門的份子，也只有參加戰鬥，別無選擇。也不是像今天有小三通來會面，來溝通，來共策國家之未來。憶當時日記上的想法與看法，因時代背景不一樣，所以與現在的想法與看法，完全不相同。

我是當時受編的民防隊，也有受過多年的相當訓練，當時又是居在最前線的家鄉金門島，是每日受共軍砲擊的地方，也是生死關頭的地方，在當時，我們的責任，當然很重要，戰鬥的工作，我們的任務，更是非常重要。有些比較老的，他們因爲沒有參加任何編訓，所以他們可以用客觀的看法，來分析是非，他們認爲當時金廈之戰，未必是誰勝誰敗，但我們這些隊員就不能有這種想法了，必須以主觀，信心，是絕對勝利的想法。

當時的打仗，是黨對黨，中國國民黨與中國共產黨，從大陸一直打，打到金門來還是再打。因不同黨，思想也不同，做法也不一樣，看法更有差別，因爲環境是如此，所以當時居在戰地之我們，只有依政策用信心與決心，抱其必要時只有犧牲，別無選擇。

其實，至今年老，各種看法，會比年輕時正確，尤其年輕人，凡事都是會衝動，非常可怕，沒有思考，說幹就幹，到結果，兩敗俱傷。其實，若能先行溝通，各退一步，就可海闊天空，可免損害那些無辜的良民。

真正要救國家，救人民，只要秉公處事，凡事制度化有此做法，國家自然而然，就會強盛起來，人民自然而然，就可以安居樂業。

（九）八月三十一日（星期日），氣候陰：為確定勝利，本鄉今日舉行民防宣誓，因金門之保衛戰，除部隊之任務外，金門之民防組訓，由數年來之訓練，至今急用，大隊部即訂定辦法，主要的任務，是維持治安，肅清惡化份子及匪諜這些工作。最主要的，還是支援國軍作戰，爭取勝利。

近日以來，本島（金門）連日，受共軍砲擊不停，金門亦已進入備戰之中，我們民防隊，亦早已集中。並訂今日，本鄉欲舉行宣誓，於下午二時，我們即集中在中隊部（珠沙村公所），舉行宣誓典禮。

金門數日以來，都是風雲之際，也牽動了世界，但島上的軍民，很有決心，認為確保金馬，就可以反攻大陸，因之，民心士氣，日比日強，大家都有堅強的戰鬥意志，所以當時一般軍民之心理，認為戰到最後的末日，共軍是必輸必敗。

回想當時，一切之措施，都是以軍事第一，戰鬥為先，幸在當時年輕體壯，才有辦法應付風雨交加，受其磨練，若以今日年老體衰，遇到這種戰爭，不要說打仗，就是生活中要躲洞，睡眠在地上，飲食無固定，精神之負擔，工作之煩忙，心情之緊張，不出三天，不死也會病。若是病了，當時醫學不發達，醫師不普及，必定是凶多吉少，難以自保。但天有排定，老年之今，兩岸和好，小三通彼此來往，大家和睦，共營經濟，生活進步。都是同胞，何須戰爭呢？

（十）九月一日（星期一），氣候晴：夜睡中被戰況震起，因連日之間，砲戰不停，我們民防隊，夜間亦特別注意，民防隊員，除集中睡之外，夜間亦特別認真的巡邏，對當地的情況，均特別了解。因此，今日鄉公所有張振權等二批人員，有來本村問情……。

我今日因腰骨有病，故提早在家作眠，至深夜間，聞砲聲猛烈，時堂弟金山來通知我，就立即起身，整齊軍服出發，觀情是海戰，但吾島陸上，乃有砲擊之聲，因此，全村民眾，隨即作疏散。並速進防空洞，海戰時間，計有一小時餘，時軍方有連絡後湖一帶，有發現水鬼二名登岸之傳聞，故我方特別提高警覺，由於深夜二時左右震起，余巡行村中（歐厝），至黎明方回家休息。

當時的十日生活，憑我之齡作記憶，可說全部忘光，然今何有此資料，好在我每日所寫之日記，尚有保存，雖然才疏學淺，文筆不流順，但對年老健忘的人，多少總有幫助。

這是近五十年來個人之生活過程，以當時的年齡與現在的年齡作對比，中心思想是永固不變，但對於看法，想法，和做法，年大的人會比年輕的時候比較正確。除了那些假仁假義，曾獲有十二年權老不死的野心者，想藉用名號，圖利自己，而害國民生計。有力量的人，爲國家做一點事，雖然吃了一點虧，雖然損己，而有利人，這也是應該的。

但，受過戰爭之痛苦，才知道和平之可貴，論實，都是自己的同胞，爲什麼要互相殘殺呢？尤其我國，有兩位世界的偉人，一位是孔子，一位是國父孫中山先生，以那兩位的中心思想來建設國家，不但可以救中國，還可以促進世界大同。有這種至寶的指標而不用，而要用智謀用武力來相害，說起來實太不應該。

憶此十日感，其時有些想法，看法和做法，當時兩黨（中國國民黨與中國共產黨），爭取治國，各有偏差，採用打仗，因這段戰亂中，最大的痛苦，還是無辜的人民，在爭奪之口號，雙方都說要救國救民，其實，雙方所行之動作，可說是禍國殃民，爲什麼不用和平解決，而要用戰爭來處理。像現在的小三通，彼此來往，貨暢其流，不但免聽砲聲，免損人命，且可改善人民生活，這種雙贏的做法，何樂而不爲。

炮火餘生錄

——疏遷時的料羅灣

民國四十七年，十月十一日，因中共宣佈金門砲戰停火一週，那時軍事更緊張，原因恐怕中共採用兵不厭詐，來個攻其不備的登陸戰。而政府的措施，是要疏散民眾到台灣去，這一天，我也同母親帶著嬰兒（我的長子）到料羅灣去等船。剛到料羅灣碼頭，我見了灘上之物，我的心裡這樣想，金門民眾疏散台灣，不是撤退，而是進攻，這可能也是一種以退為進之戰略，因為利用停火的一週時間，台灣對金門的補給，不但沒減少，反而拚命增加，除糧食大量補給外，還有更重要的，是補給軍火，我們從海岸走過，看了整片沙灘，都排了滿滿台灣運來的大砲彈。以此推想，停火一週之後，可能還會有更厲害的大戰鬥，這是我當時見景的觀感，也是我一時的想法。

到了候船的群眾中，看了那麼多人，非常雜亂，毫無秩序，所有個人的行李，多數是用挑的，男女老幼，非常混亂。各聚一起的人群中，所看到的，哭的比笑的多，尤其最愛哭的小孩和婦女們，使人聽起來很心酸，或可能有的是搭客，有的是陪客，家人，親朋臨時要離開，難免會依依不捨心情落莫之表態。其中那些無知的小孩，有的哭肚子餓了，有的哭要大小便，有的哭要這個，有的哭要那樣，在那各爲逃難的環境下，彼此都是自顧不暇，那有時間再去幫助別人。小孩之亂，家長心更亂，她們要保管行李，要照顧小孩，還要打聽船什麼時間才會到。那些老人，更加可憐，他們行動不便，慌亂之中，無人照顧，我見了那種處境，深感戰爭是罪惡，逃難真勞碌。

我又自想，假使共軍來個兵不厭詐，向這裡打群砲，這些要搭登陸艇赴台的逃難客，於臨時中，不知要躲在何處，這實在是一群非常危險又可憐的難民。「君子之德風，小人之德草」，難民是無辜的，假若雙方主將，不講停火的信用，約期未到，又再開戰，這時候，等於家有防空洞不躲，而跑到這裡來送死。危險歸危險，可憐歸可憐，橫豎是靠天地、靠神明，靠主將的信義和良知，在這時候，可憐兔悲，危險兔怕，這七天的停火約期，可能與華沙密約有關、大家還是任憑處置，望向海方，船是不是快到了。

我等得不耐煩了，又想到隔天還有一批小學生也會來這裡候船，內人亦會帶學生來，乾脆隔天才同他們來上船，想到這裡，我馬上把行李轉頭同母親帶回家。

以當時情勢之分析，先總統　蔣公，是有確保金馬之決心，所以才會從民眾之疏散中進軍火，當時軍方備戰，民方備退，每天每夜，料羅灣的人車來往，熱鬧非凡，憶其往事，如在昨天，而距至今再進四載即登五十年矣，今若再到料羅灣的沙灘去看一看，是一片清靜白色的沙，和一片一望無際的藍色海洋，沒有那麼緊張，那麼激烈，那麼多車，那麼多人，那麼雜亂的聲音，甚至若一人獨自再來，是會寂寞、孤單，只有聽到海浪的呼聲，微風的撲身，而無任何的指揮聲。這個就是戰爭與和平不同的地方。在當時，擠忙的人，有的老、有的壯、有的輕、有的小、有的幼、有的男、有的女，自諸別後，再無回音，而今沙灘尚在，惟那些候船客者，已各分四散，亦不知各在何方。

從往事作回憶，兩相比較，一個是過去，一個是現在，過去是戰爭危機，人民爲逃生，冒其非常危險，由金門要疏遷到台灣去，每人的心情都很不好，每人的心理都很不安，每人的生活，都很不安定。從此可想，戰爭是罪惡，太平才有樂。

從現在的小三通與當時作個比較，民眾無論生活方面，心情方面，心理方面，完全不相同。當時兩門是對立造成「金門廈門門對門，大砲小砲砲打砲」。現在就不是那樣的仇恨，現在是以彼此相近建立「金人廈人人會人，往親近親親迎親」。大家和睦相融，見面親切，彼此和好，人人快樂，人人輕鬆，人人行動自由，人人心情愉快，這個就是和平的好處。

現在，金廈雖是一水之隔，但隨即都可以來往，不僅有助身心之得安，在物資之交往，可以貨暢其流，對生意人來說，有增加了不少之廣場。對喜歡旅遊的人，也開闢了許多道路，無論以公以私，都是好處多多。

我們這一輩子的人，以同樣的人，而過有不同樣的生活，從歷經之體驗，比較作評論，人民之心上，都是愛和平，而不喜愛戰爭。也可以說，和平比戰爭好。

戰地憶往

想寫戰地憶往，欲得取材較足，以一生之親身經歷，最適者，應以金門「八二三」砲戰之取材較適，但因期間之過，將登五十載，憑我年齡與記憶，無可勝任。雖在當時，爲養習慣，日記有寫，而因居於兵荒馬亂之砲戰中，心情難以安定，又欲爲生活謀工作，致所寫之日記，經復閱回想，太簡單，且無內容，有些日子，似記載流水帳，用一兩句話就帶過去了。取這種內容，怎麼可以寫回憶錄呢?

幸好，我還沒有患癡呆症，要是患了，以往之事，什麼都免談了。趁趣之便，取其憶往，現取錄其中兩天，作爲感想之記錄：民國四十七年十月六日，是本島（金門）停止砲戰之日子，據云，這一天會停火，是因爲美國與中共在華沙會議談判，所以暫時停止一星期的砲擊，也才有當天金門無砲聲而安靜。

原自八月二十三日開始，金門不分晝夜，每日都有不停之砲聲，自該日始，本島計受中共的大砲擊了四十餘萬發，全島之軍民，每日均在砲火下，與共軍作隔海之鬥爭，共軍的大砲，所用之方式，是以全面性的濫射，當時本島無辜之良民，大家心情都很亂，心理不安，心情不定，生活不正常，居在戰亂中，名義是人，其時，一條人命，不如一隻小螞蟻。

當時守在金門之國軍，因爲意志堅強，不怕危險，也不怕犧牲，決心堅守，雖然打了四十多天，共軍火力雖強，乃是無可奈何。在這四十多天之內，中共雖用濫射之砲火，乃是無法封鎖本島（金門），而國軍的補給，乃是每天不斷的繼續。

四十多天以來，我們所看到的，天天都在砲戰，只有這一天，只有看到補給，登陸艇一載一載的貨，從台灣運到金門來，貨物與目標，對方的共軍，雖然看的清清楚楚，但一發砲彈都不射。這一天不射擊的原因，據云，就是華沙會議所賜福，所以金門的老百姓，也才得了一整天的安心，而勤耕爲自己的生活，做自己家庭的事。體會之中，人在戰地，命在旦夕，隨時隨刻，都會犧牲，只有這一天，才給金門人民喘了一口氣，你說，金門人可憐不可憐，所以金門人當然是反對戰爭，愛護和平。

所取錄其中兩天，另有一天，就是民國四十七年，十月七日，以當時在金門國軍之報復戰，已經打了四十多天了，在砲戰中，共軍用了四十餘萬發之砲彈，想攻取金門，且在每日之猛砲火擊，也是想要封鎖金門，而他們所有一切之計畫，可以說完全失敗了，到那一天爲止，他們的行動，可以說是窮途末路了，他們就改用政治陰謀，想在華沙會議的時間中，一方面再充實他們的軍火，一方面作與美國的會議中，分化當時的中美關係，其目的，他們當時還是想攻取金門。而因當時雙方的主帥太堅持，所以颱風期尚在金門的周圍旋轉。做爲金門人，在當時，也只有聽天由命，也不知自己的死活，是何時何刻，因爲國共之戰，從大陸打到金門，都是談談打打，打打談談，沒有像現在小三通那麼方便，那麼自由，都是一手槍，一口話，說停又打，說打又停，給老百姓根本摸不清楚。

從六日到七日，砲戰已經是停了兩天，當民眾沒有聽到砲聲，又得了華沙會議停火一星期，得了消息之後，因之，大家便進入了大意的行動了，以爲共軍不向金門射擊了。中共真的要和平了，這是當時民眾爲愛和平一般的想法，但政府的政治眼光，與民眾的想法完全相反，當時的政府，認爲民眾是在做夢，夢想和平，政府完全否認，不承認民眾的想法與做法。民眾會有這種心態，原因受戰爭之痛苦太大，受戰爭之危險太多了，只想和平，不想戰爭。而當時的時局，確實也是無可能用會議談和平，因爲每天都是以槍對槍，砲對砲，誰踏入禁區一步，誰就沒有生命再回去了。

確實，理想之夢，尚未說完，當天七號的下午，共軍有兩架戰鬥機，又進入金門的領空，我也親眼看到，從我們家鄉飛過，由北往南，速度很快，飛的並不高，國軍的高射砲拚命的向飛機射擊，但沒有被打到，很快就回大陸去了。

以報紙之報導，中共當時停火欲延續兩週，以時間之計算，須再兩週才到期，但無講信義，於十月二十日下午，又猛砲射擊本島，一般民眾，以爲停火了，大家放心在山上工作，而砲火忽然而至，許多農民，臨跑不及，即受驚險，且有之喪命。

在停火中，我原本欲遷台，而因無隨上整批人馬，故往不成，於受驚中，才後悔凡事考慮太周的人，總是無法完成所希望的工作。

註：

（一）中共宣佈向本島（金門）停止砲戰一週，是在民國四十七年十月六日，而非十月十一日。

（二）余在民國九十三年十一月二十八日，金門日報副刊所寫的「疏遷時的料羅灣」，在第一段有寫民國四十七年十月十一日，因中共宣佈金門砲戰停火一週……

（三）停火一週，應加上停火已一週，為求日子正確，特此註明。

戰時的菜市場

民國四十七年，金門「八二三」砲戰開始後，引起了原本平日軍民做買賣的場地，也大有改變，以金城鎮來說，原本是在後浦東門爲主要的集市，每天清早，鄉下的農夫，都會挑菜到此地去賣，在地的賣雜貨及賣魚肉和水果的商人，都會聚集在此地招呼顧客，鄰近的駐軍，也會開車到此地來買菜，但戰爭開始了，晨早燈光、目標之明顯，是會影響安全的，所以此場地不可再持續下去，必須設法疏散。

以金城鎮的後浦東門里此地方，是交通最方便四通八達的地方，無論金山鄉、金寧鄉，甚以金湖鎮因有中央公路之方便，所有做買賣的軍民，也都要到這個地方來，但因時局之不同，各鄉鎮就各自找戰時的菜市場。

我們住在金山鄉，此鄉戰時菜市場之擇位，最理想的地方是歐厝村，因爲此村地形良好，又無目標，且交通也方便，要解決本鄉所住的軍民做買賣，可以說是本鄉最適合的地方。但因此地原本非商區，要做買賣，只可做臨時之攤販，並無商店之條件，當時政府，爲了解決軍民之安全，只好擇此地爲戰時的菜市場。

設立之前，許鄉長特到我家來，請我負責管理這個戰時的菜市場，而且所擇的位置，剛好是在我家門前一塊平地，所以我就答應了，後來又再增兩位，也都是我們本族親人，一位是歐陽晚池，一位是歐陽振源。

工作之進行前，先舉行一個協調研討會，參加者有許鄉長、軍方代表、村長、各鄰長，及本小組的承辦人員，也組織了一個工作推行小組。

這件工作，全部都是義務職，而且工作也很忙，也很辛苦，每天的早晨，鄰近的軍民，推車的推車，挑菜的挑菜，還有那些殺豬的、賣肉的，樣樣都要集合到這個地方來，看他們的忙碌，雖然燈光明亮，而秩序之維持，實在是無從著手。而我之個性，受人之託，忠人之事，雖然辛苦，而且無薪，仍然負責到底，且此務之行，並非一天而可完結。凡軍方之所需，貨有短缺，亦要找負責人，將我當爲是老闆，原因此場地，因初成立，一切尚未就緒，致有軍中之購買者，會以不明不白，用其戰時之心情，處其軍中之所需，若不慎加處理，往往會爲了一些蔬菜之買賣，而發生了軍民之糾紛。

軍方每當凡有缺貨時，都要找我，余乃必須設法連絡攤販，盡量向各有種菜之農民，集購供應，以化解有糧無菜之危機，供其戰時生活之安定，在其時，周外又恐砲戰再開始，市內亦怕軍民爲買賣而生口角，回想起來，當應人家任務，實在是一件吃力不討好的工作，只爲他利，自無目的，又是在其戰時危亂之急忙中，不是有擔當的負責者，可能會口是心非，臨陣退出，使其造成地方上會更亂，人民心理會更不安。

尤其豬肉之供應，必須提前一天連絡屠宰商，方有可能先向民間購豬來宰，而因菜市場是臨時設立，那些屠宰商也是臨時由民間之武漢而擔任。拿刀維生的人，心也殘忍，人也勇敢，在砲火之下，再危險之時刻，他們都會準時送貨來供應。

記得某天下午，砲打的很激烈，軍方因臨時決議欲增加豬肉之數量，跑來跟我說，此時余很傷腦筋，頭也大起來了，屠商是住在古崗村，而明早所需豬肉的地點是在歐厝，當時也沒有電話可連絡，砲戰又不停，從歐厝到古崗此段路程，必須經過東沙和珠山兩村莊，這段路程，落砲彈也很多，尤其古崗與珠山兩村之間，每次兩岸的對抗戰都很厲害，砲戰時，若進其地，與進入虎口無異。當余正在傷腦筋時，有一位鄰居的族親歐陽水麟，他知道這件事情，自告奮勇，要去與古崗屠商連絡，出發之前，也不說話，靜靜牽了我的腳踏車就騎去了，似此的義勇，更可考驗一個人的亂世知奸忠。他賣命，只爲公，非爲私，任何目的，絲毫都沒，這也是當時民防隊的精神。

再說那幾位臨時當屠夫的商者，他們爲了要賺幾塊錢，也是冒最大的危險，有一天，古崗地區，與共軍砲戰很激烈，古崗那幾位屠宰商膽子也很大，他們爲了捉豬到歐厝，正捉其時，砲打到豬舍，他們在工作中，都沒躲，也沒有跑，乃繼續進入豬舍去捉。

當他們將豬要帶到歐厝時，並無急慌，仍慢慢的趕豬用走路的，走經虎口，往古崗經珠山和東沙而到歐厝。視當時的商民，爲了賺錢，對砲戰並無驚慌。

金門很多農民，在賣菜中，往往挑著菜與砲彈周旋，雖然危險，但爲生活臨危不亂，這對國家之臨需，貢獻很大，若當時無他們，民心士氣及生活必會恐慌。

炮火餘生錄

——停火要到台灣去

民國四十七年金門「八二三」砲戰，乃是一場聞名中外的大戰爭，從那天開始，住在金門的軍民，不分晝夜，生活不但不安定，而且生命也無保障，在每天的砲戰中，民眾要謀生、要工作，也要在砲響中設法躲進防空洞，這種無固定的時間，無規律的排定，無薪水可領的老百姓，他們的痛苦，是啞巴吃黃連，有苦說不出，其時，居住戰地的人民，受著戰爭的折磨，有淚也無法可流，爲了生活下去，只有勇敢，只有向前，當砲聲稍爲停一下，又要想辦法上山去耕作，不然，家庭的生活，怎麼維持下去呢?天天打，天天躲，也是要天天去工作。一天過一天，根本沒有休息，也沒有輕鬆的放假天。直到十月六日，才忽然傳來消息，中共對金門射擊，要停火一週，據云，這是因爲他們與美國有一個華沙會議的談判，才有這個好消息。

民眾的心情，在連續砲戰這麼多天以來，心情都生病了，這時候，政府也來了一個規劃的消息，金門老百姓，可以遷到台灣去，但這段時間，台灣的經濟尚未起飛，生活還是很落後，到台之後，生活要怎麼辦，爲了這件事，老百姓反而增加痛苦，不去在金門砲戰很危險，要去無處謀生。那時候金門人與台灣有親戚的也很少，就是有親戚，也不能依賴人家來養你。爲了逃難，很想去台灣，又恐怕生活無依靠，所以不敢去。

停火的那幾天，因免怕砲戰的危險，老百姓就敢到處跑，有的跑到街上，到處打聽看看有沒有更好的消息，有的跑去村公所看看有沒有人在申請赴台的手續，這時候，有的說要去，有的說不要去，你看我我看你，在每個人的內心裡，大家都很不穩定。

正好，停火那幾天內，其中有一天十月十日，是我們的國慶日，那一天，我有到金門街去，街道的店前雖然都有掛國旗，看那種場面，國旗是飄飄，而心裡是煩煩，因是亂世，所以心情自然不佳。

這幾天，爲了疏散要去台灣的問題，很多老百姓，流了很多眼淚，尤其那些婦女，有的捨不得離開家，有的因無法全家一齊走，在這種情景之下，也變成了男人不是沒眼淚，只是痛苦無人知，眼淚不敢流出來。

在那急亂的停火時間中，政府好像有計畫民眾都快遷台，而先走第一批是金門的中學生，他們都馬上赴台去了，再來小學生也要去，老百姓也要去。

在那時候，我因爲不是公務人員，是一個普通的老百姓，要去台灣，不必請假，隨時都可以走，所以，在十月十一日這一天，我也挑了行李，同母親也帶了嬰兒（我的長子）就到料羅灣碼頭去等船要去台灣。又據說，小學生明天也要去，那時候，我內人是在職的小學老師，無經准假，無法與我們同船去。所以採用今天我們先去，明天她才同學生一起去。我到了碼頭之後，看了去等船的民眾，人山人海，秩序也很亂，我的想法，明天內人既然要同學生去，我可等明天才同學生一起去，因之，就不再等船了，把行李再挑回家。

到了明天，政府可能考慮到假使全金門的民眾都走了，島上只有軍隊而無人民，會影響軍人之心理，因之，遷台的大門，從十二號就開始關起來了，所以我也沒有到台灣去。

過了一週之後，砲戰又開始了，我們一群躲在防空洞的鄰居，那時候，大家後悔了，爲什麼那天我們沒有去台灣呢？假使去了，現在就免受驚險了，所以大家都自嘆的說：「沒有疏遷，是大錯特錯。」幾天後，又得到消息傳來，疏遷赴台的人民，政府發給每人台幣參仟元，以當時的三千元，其數相當可觀。因之，沒有去的人，原本是怕去了沒有飯吃，所以不敢去，現在聽到去的人有錢可領，又免受驚，也免有危險，因之，更增加大家心理上的不平衡。

再過一段時間，那些去的人，有的又再回金門了，問他們爲什麼要回家，是不是爲了愛聽砲聲才回來，他們說，在台灣沒有辦法找到工作，爲了吃飯，不容易也不得已，就給人家僱去做挑糞的臨時工，以算擔給錢，用勞力根本吃不飽，還是回家冒砲火種田比較好。

當時，台灣經濟尚未起飛，乃是以農維生，想出外謀生的人，才深深體會到：「在家日日好，出外朝朝難。」沒有飯吃的人，做了戰時的流浪漢，求生活實在不容易，就是活著，也沒有什麼意思，在表面人活著，但精神上沒有寄托，可能會比死更痛苦，所以大家疏遷之後，又再回來了。

雙日小學

「雙日小學」並非一所學校的校名，而是學校裡的師生只在雙日上課，單日一律放假，這種教學制度措施，遠遠超越「週休二日」的體制，相信你一定既好奇又羨慕，想知道他座落何處？巴不得自己也是師生之一，過一種「二休一」的逍遙日子，那麼你就耐心聽我來介紹、描述一番吧。

話說民國四十七年金門「八二三」砲戰如火如荼進行，連續四十四天不停的砲火，把戰地兒女磨練得無比堅忍，四十二天之後，中共的軍事發言人宣佈「單打雙不打」，因爲他們的火力無法攻破金門，軍隊也沒有辦法進入金門，所以提出「單打雙不打」自找台階下，免得直被國際人士譏笑他們無能。而金門的軍民，經歷四十多天硝煙，這個時候，可說是走過狂風暴雨，雨過天青，民眾心裡明白「兵不厭詐」危險仍暗藏，但士農工商爲了生活，仍必須維持正常作息，金門各國小乃積極籌備開課，當時籌設的「古崗分校」是落砲彈最多之地，也是最危險的地方，可是校長偏偏指派我到古崗去當分校主任。我爲了生活，必需求一份工作，只好冒險去了。剛到的時候，看見滿地災情，不禁搖頭嘆息，痛恨中共殘忍無道，只見地上到處瓦片，房子有的被砲彈打得全倒了，有的半倒，村莊居民都搬到山洞去住，村內一片死寂，到這種「砲點」村莊來辦國小，實在不合乎教育原則，因爲它根本不適合居住，更遑論作爲學生的「進德修業」之所了。我剛到那個地方，心情十分消沉、沮喪，心裡想，假使突然間，對岸砲彈襲來，我該怎麼辦？面對一群莘莘學子，我該如何疏散、保護他們，讓他們可以通過炮火的考驗、成長爲國家的主人翁？

幾經思量，終於找到了一個良策，中共「單打雙不打」，我們就來一個「雙日上課，單日不上課」互別苗頭，看看誰「任重道遠」邪不勝正？決定之後，將詳情向縣政府文教單位報備，縣政府也特別批准了，因此，就開始進行開學的工作。

雖然心理上有點不安，但地方上的家長，很重視他們子女的教育，每逢雙日，他們都把子女送到學校來，因爲學校周圍環境破爛髒亂，根本不適合上課，因此開學第一個月，每天最多只上一節課或兩節課，其餘時間都在整理環境，小朋友上學時，除了背書包以外，還要帶鋤頭和畚箕，經過師生同心協力，地上的碎瓦片，以及所有亂七八糟的東西都除掉了，再來牆上砲片打的小洞，也都一一的補起來了，然後再粉刷，並在校園努力栽花種草，終於小朋友有了漂亮的教室，可以安心讀書了，有美麗的校園，可以嬉玩了，也有廣闊的操場，可以運動了，原是一個死寂、髒亂、破敗的環境，現在變成了一個有讀書聲、歌唱聲的樂園了；原來每天爲躲砲彈住在山洞的老百姓，聽到村莊內有讀書聲、歌唱聲、歡笑聲，就紛紛從山洞回到自己的家。房子倒了，想辦法修一修，路上坑坑洞洞，想辦法補一補。破敗、髒亂的校園，小朋友都有能力創建成一個樂園，我們的家，難道就辦不到嗎？村民們起先是雙日才由山上回到村莊，現在認爲住在山洞太潮濕了，所以山洞也不住了。你不怕大砲聲了，我也不怕了，因爲常常聽，聽習慣了，砲彈和鞭炮聲差不多，很好玩，你會聽從廈門發出的大砲聲，我也會聽了，只要認出落炮的遠近，那時候再來躲也來得及，有什麼好怕的？原本兵荒馬亂的戰地，因爲古崗分校的小朋友，帶著鋤頭和畚箕，整理出了美麗的校園，使原本住山洞的民眾，能不怕危險而搬回自己的家，古崗分校的小朋友們，無形中以書聲、歌聲鼓舞了民眾，重建一個「固若金湯」的「海上公園」。

砲戰期間，爲了鼓舞民心士氣，島上流行兩句話：第一句話是：「經營戰場」，第二句話是：「培養戰力」。所謂經營戰場，並不僅指部隊做工事或挖戰壕……等軍事的工程，所謂培養戰力，也並不僅指部隊擦槍打戰……等工作，而是包羅萬象，不分軍民、不分男女老幼，全部都來，大家都可以做，大家也都會做，古崗分校一群純真勇敢的小朋友，最後激勵大家都達到、完成、建立了戰地雄風！

往事已矣，距今已經有四十年之久了，「雙日小學」當日的小朋友早已長大成人，在社會上各司所職，貢獻一己力量，不知他是否像我一樣，在一個夜闌人靜的夜晚，緬懷起那一段「雙日上課，單日不上課」的戰地歲月！

艾森豪訪華日

民國四十九年六月十八日，美國總統艾森豪訪華時，轟動了整個地球，全世界的人都注目起來了，因爲當時世界上，共產和民主兩大集團，似是要在台灣海峽決定勝負。艾森豪訪華，正是金門「八二三」砲戰之後，中共又有一次用砲火示威金門，反對艾森豪訪華。當艾森豪訪華的前夕，台灣各家報社幾乎都是頭條新聞報導。

中共爲了建立威信，當時的砲戰方式，仍是單打雙不打，但因爲金門軍民，對砲戰日久成習，亦無所謂單日或雙日了。學校爲了學生的課業，就改爲正常化，天天都上學，延至民國四十九年，六月十七日，金門又有一次受中共瘋狂濫擊，原因當年六月十八日，美國總統艾森豪要訪華。於砲戰前，中央日報有刊出，請金馬的軍民，要特別提高警覺。可是金門的軍民，認爲砲戰是家常便飯，沒有什麼好奇怪的，在大意的生活中，軍民當做沒有這回事，於十七日的當天（也是單日砲戰日），我仍照常騎單車到古崗分校上課，上到下午放學後，根本沒有聽到砲聲，我就騎單車返總校（金山中心國小），與同仁會談時，認爲既然沒有砲戰，大家就相約，要到料羅灣海光戲院去看電影，約定之後，就去找軍方開了一部中吉普車去。

那天晚上，海光戲院所演的片是趕屍記，是鍾情主演的，是愛情片，劇情中正在一棵樹下躲迷藏，也正是精彩中，這時候，對岸的大砲打過來了，是最猛烈的群砲，電影院的燈光也關掉了，大家就走出電影院，我們同車的同仁，站在戲院門口，看了滿空中都是大砲的火花，問了開車的阿兵哥，該怎麼辦？那位司機說，這部車子開出來時，我沒有向上級請假，也沒有報備，是我自己開出來的，現在戰爭已經開始了，我要趕回去報到，否則，犯了軍法，我會受槍斃的，大家就說，趕快回家吧，車子就冒砲火往前衝，我們坐在車上，除聽了很猛烈的大砲聲之外，也看到滿天空都是亮晶晶的砲火，實在很害怕。從料羅開到下坑，砲越來越猛烈，同時，車子又出毛病，開不動了，勢迫無奈，只好暫停，跑去一家民眾的防空洞避幾分鐘，這時候，司機沒有去躲防空洞，而在路邊修車，修好了，馬上又要走了，正要上分叉路時，大家說，要從中央公路走，還是要往陳坑路走。中央公路平又直，速度快，陳坑路彎又小。大家臨作決定，還是走小路好，雖然兩條路相距沒有幾百公尺，走小路可能比較沒有目標。因之，在砲火中拚命的衝，一直衝到家，而全車人都很平安，還參加了家人在打掃防空洞的積水。

我們那天晚上，冒砲火回到家，仍是躲在防空洞比較安心，而鄰居都同住一洞，彼此在驚險中聊天，這也是戰地不寂寞之一。那天晚上，所聽的砲聲，只有大陸打過來的，國軍沒有反擊，原因是明天有貴賓要到我們國家來做客，怎麼好意思自己的家中人在打架呢？所以國軍也特別忍讓，以打不還手，罵不還口的回應。但是，到了艾森豪總統離開台灣順路到韓國去以後，國軍的脾氣就不是這樣了，只要有打，就馬上反擊，而且砲兵所打出去的，都是百發百中，一直打到國軍所打的是最後一發，等到對方不敢再打過來爲止。

過了十二點鐘以後，是民國四十九年六月十八日了，也是雙日，中共爲了建立他的威信，果然也沒有再打了。天亮之後，我有到山外衛生院去體檢，我是騎了一部腳踏車，由家經金門城市延中央公路前進，進行間，我想了解昨天晚上，我們本想走這條中央公路回家的路況到底如何，行走間，見到公路兩旁，都是砲片和坑洞；到了小徑那一地帶，中央公路兩邊所栽的松柏樹，全部都被砲片砍光了，這時候，我想到昨天晚上，心裡又起了害怕，假使昨晚，我們車子從這條公路開回家，今天我還有命騎單車來這裡嗎？昨天晚上，中共所濫射的砲，是以中央公路爲分界線，中央公路以西爲第一線，是用地毯式的濫射，中央公路以東爲第二線不落砲。昨晚我們一車計有十三人，只是一秒鐘之差別，臨決分叉路若錯誤，就會走入鬼門關了。

據統計，美國總統艾森豪訪華時，中共十七日砲瘋狂濫擊示威，島上落彈八萬五千九百餘發，十九日復濫射八萬八千七百八十九發，民眾死亡七人，傷四十一人，毀房屋二百餘棟，學校五所，醫院一所。談到這裡，我們同車者，實在很幸運，要是六月十七日晚上，我們從下坑村民眾的防空洞走出來後，而選擇了車子走中央公路，一車人就會被列加入死亡統計在內了，也就是同一天的忌日了。

金門人人有槍

做金門人，雖然受過戰爭之痛苦，說實在的，也是很光榮，若臨遇初識的朋友，他對金門人，似是有另眼看待。記得某一天，有一位朋友問我，「你是那裡人」？我說：「我是金門人」。他就說：「金門人很有錢」。我就回答他說：「金門，門是金的，當然有錢」。他又說：「金門人很勇敢，八二三落了那麼多的砲彈，大家都不怕」。我又回答他說：「光用砲打沒有用，要用槍人對人打才有用，「八二三」當時，我們金門人人有槍，隨時隨刻，都可以作戰，所以才會鞏固金門，保護台灣」。那位朋友，向來陌生，聽我之言，他可能是台灣人，也很感激我們金門人當時「八二三」的冒險與辛苦。

說到人人有槍，這個是在戒嚴期的事，那時候，除了老人和兒童之外，不分男女，每人都有發了一枝槍，這枝槍，不是裝飾品，也不是與村人或和村莊發生糾紛用的，而是爲了保家衛國，鞏固金門，以求發展，保障人民生命財產之安全而使用。談起人人有槍，說來話長，在戒嚴期的金門人，除了老幼之外，人人都要參加戰鬥，在那時候的村莊，都是自衛戰鬥村，每家每戶，政府都有發槍給民防隊。在機關及學校，同樣的，每員一枝槍，拿到這枝槍之後，在平時要負責保管與保養，在戰時，要負責所分配的地區，參加作戰。其中最辛苦的工作，就是保養，因爲軍事科常會派員檢查，若是槍髒不合格，會記大過兩次，當公教人員的人，若被記了兩次大過，不但會影響升遷與考績，甚且連飯碗都會被敲破，所以大家對保養槍都很認真，因之，學校的老師們，常用每週的休假日，集中擦槍，有時也請了軍方的專家來作詳細的講解，所以，凡是金門有槍的人，只要一枝槍交給他，他就有辦法拆開，經上油細擦之後，也有辦法再裝回原狀，以那時候的金門人，用槍之方，不亞於老兵。

槍最常用的，就是打靶，時令一到，上級就會指定靶場，分配時間，同校的男女老師，於出發之前，就會看到軍裝整齊，身背著槍，機車成隊，有的一車單騎，有的一車兩坐（男老師載女老師），見其容情，精神振作，心情良好，不會像「八二三」民防隊到料羅灣搶灘之心情。打靶用槍，無論瞄準或扣扳機，都是很大的學問。在群體中，同樣是一槍口對準著靶，有的得滿分，有的吃麵包回家。這完全是看各人平時聽講解之心得及個人技巧之應用，只要有要領，於射擊之前，槍要靠緊右肩，左眼一閉，右眼張開扣扳機時要停止呼吸，打出去的子彈，就可中到靶心。回到家後，大家就要忙擦槍，以保不生鏽。

當時保槍，即如保命，人人隨時隨刻，都很注意，一方面是爲了責任，一方面是爲了安全，所以視槍如寶貝，不敢隨意亂丟或亂放，或是不注意，不擦，不上油，使之變成生鏽的槍。

再談金門「八二三」砲戰時，那時候我沒有當老師，和一般民眾，編入民防隊，並被指派擔任珠沙村中隊部的分隊長，隊員們發的是步槍，而我發的是衝鋒槍，爲什麼我要發衝鋒槍呢？以我猜想，假使共軍來個登陸戰，大概是叫我要向前衝，好在當時沒有在陸地會面，否則，我現在不曉得是死是活，那更沒有像現在小三通會面的親切了。

我領的那枝衝鋒槍，說來也有一幕小插曲，因「八二三」砲戰那時候，民防隊武裝集在一起，我跟一群人無事閒坐，就玩起槍來了，衝鋒槍因爲較稀少，大家就往向我的槍圍著，槍立在平地上，槍口向上，在一間室內玩，槍是空槍，無裝子彈，於拉扳機時，突然間，有一發子彈衝出來，聲音很大的響，子彈往天花板打出去，在圍群之中，差一點點就打到人。這是一次的奇蹟，還有一次，我堂弟叫我衝鋒槍借給他，他也沒有告訴我要做何用，我就把槍交給他，過了兩三天，他來說：「昨天夜晚，小偷進我家，沒有被我打死，原因子彈擋橫，打不出去，被小偷發覺跑掉了」。從這些回想，該槍若打死了人，我內心一定會很不安。

另有一次，鄉公所正在發衝鋒槍，我有拿一枝，以槍口（因無裝子彈）對同伴射擊開玩笑，至今想來，這是不可以的，人家說，刀槍不可開玩笑。有兩個賣豬肉的人，用了一把刀開玩笑，一個伸五指頭放在桌上，問那個拿刀的，「你敢不敢砍我的指頭?」對方說:「敢」，一個以爲不會砍下去，一個以爲砍下去他的手指一定會馬上收回，只是砍桌子而已，兩相誤會，一刀砍下，結果五指頭也斷了。

槍是爲保國衛民，射殺惡人，若不謹慎，死在無意之中，在良心上，一定不會安。今已解嚴，無再發槍，若臨有偶發，千萬不要有好奇心，自行或與他人玩刀槍。

戒嚴期的戰地教師

金門，因爲是戰地，在戒嚴期，你想在當地當老師，你必須另具備又不是明文規定的工作，也沒有事前先告訴你的，你自己要準備一些條件，才有能力當上戰地的教師，否則，你絕對無法適應。那些條件呢?就是要能文能武，做到「上馬殺賊，下馬草露佈」，不然，事到臨頭，你想逃也逃不了，你想避也避不開，因在急之際，大敵當前，正需要你參加戰鬥的一份子，你就要有擔當，要有負責任的勇氣，你才能配合上時代的考驗。

當戒嚴期戰地的老師，除了要具備師範學校所授給你的基本應修的科目之外，更重要的，在戰地的教師，爲了當時之所需，在課程的日課表，是無法另加再排上去的，只可隨機應變，活的應用，視局勢而變化，看情況而決定，且要有膽識、有判斷力，有領導學生之方法。好比臨來砲擊，你要指揮學生疏散，或速進防空洞，這個就是一件大學問，尤其當小學老師，小朋友那麼小，要訓練他們如何聽對岸砲剛出口的砲聲，就可判斷砲彈會落在何地，且會鎮靜進入防空洞，這件事情，就不簡單了。

剛才所舉的，只是在校教學及保護學生安全之工作，在老師方面，可以說只有一小部份的工作，尙有更重要的，當時的金門，是以軍事第一，戰鬥爲先，凡住在金門的，無論軍民，只要是適齡的，人人都有編入戰鬥任務，老師及農工商，當然亦不例外。

現在，我來談一談戒嚴期戰地老師的工作，除了學科及術科應上之外。在上唱遊課時，也要與小朋友們，同時唱，一齊跳，尙有加上教育學生，如何保密，如何防諜，如何防砲，其主要之目的，就是爲了求得安全，且使島上，可以「固若金湯」。

尙有，每當週六，必須擦槍，每個時段，必須打靶，每個寒暑假，也常有集訓，參加的老師，不分男女，只要你是老師，你就有資格，你也必須要參加。像這些工作，凡是在金門當過老師（指戒嚴期的老師）的，他們因爲有親身經驗，所以大家都很了解，也都有嚐過，這也是戒嚴期戰地教師的特色，也是當時一件很光榮的工作。

還有，更特別的，每當老師集訓的時候，多數是以政治課及軍事課，在軍事方面，且須配合軍事行動。借用的訓練地點，都是集中在陸軍士校，期間大約是一週，於上操場時，那些調來的教練或班長，有些是金門的子弟，而且也是這些受訓老師的學生，以前他們去讀士校，也是這些老師輔導他們去就讀。現在上了操場，也視同上戰場，無論口令或動作，都是以軍令進行，而老師也很服從，也很配合。在軍事行動方面，雖然無行軍，而有舉行一種夜間正在睡覺的時候，來個緊急的集合，在十分鐘之內，就要將軍裝穿整齊到指定的地點集合。號令之下，男老師和女老師大家很緊張，而乃按時報到。

以當時的金門教師，也是代表了金門精神，尤其戰鬥演習及「八二三」砲戰與「八二三」十周年，和二十周年這幾個階段，金門的局勢非常緊張，所有民防隊及老師，都是武裝集合備戰。

凡是武裝集合，都是分地區、分地點，其時最主要的是自衛戰鬥村為主，無論白天或晚上，都要輪流站崗，女老師凡是輪到晚上的班，也是同樣要去站她的崗位。因是人人戰鬥，沒有特權，也沒有優待，遇到這種演習，在金門地區，當時的次數很多次，而每次都很逼真。

在民國四十七年「八二三」砲戰，這一次不是演習，而是來真的，所有金門的民防隊員及各老師，晚上都是武裝並集中睡覺待命，那一次金山鄉的女教師，是集合在賢厝那地帶。我的內人也是老師，我的大孩子剛出生兩個多月，每天必須吃奶，但人集合去，小嬰兒不可帶去，吃不到奶，後來好在許鄉長宜琦，視情形特殊，准我內人配合金山中心國校的老師同隊（該校因在我家鄰居），嬰兒才有辦法吃到奶。

砲戰與演習是另一回事，當時的教師，尚有一件最怕金門發生逃兵，當時的規定，三日連營單位自找，三日後，報團部找，一週以後找不到，司令部會通令地毯演習，這個時候，級任老師很怕逃兵藏在他的教室，因無發覺，會與逃兵同罪。記的民國六十五年九月二十日，下午放學後，忽接地區有發生逃兵，因身上帶武器，要通知學生明天不要到校上課，而教師照常上班。害我與趙主任兩人夜間至學校（當時在愛華分校）辦妥防範及通知各鄰長轉知家長。

往事已矣，至今回憶，當了戒嚴期的戰地教師，要回想的事尚多，以當時的處境，當時的內心，當時的努力，全金門的男女老師們，都是表現了很好的金門精神。

火海之夜砲聲猛烈

金門，自國軍從大陸退守此島之後，經常都有戰爭，有民國三十八年共軍進入古寧頭之登陸戰，國軍也經常到大陸去打突擊戰。戰鬥之中，最常看到的，就是砲戰，最大規模的砲戰，也是最有名的砲戰，有兩次，第一次是民國四十三年「九三」砲戰，第二次是民國四十七年「八二三」砲戰，其他日子，小規模之砲戰，可以說天天都有。自「九三」砲戰之後，一年餘的時間，砲戰最常發生，當開打的時候，雙方的砲兵，都是採用火力壓火力，彼此都是在比賽誰的火力強。因常聽砲聲，常看砲戰，金門的老百姓，對砲戰的常識，也相當有經驗，知道雙方的對打，是以砲找砲，是有目標的對打。因之，凡是住在非砲區之民眾，不但不害怕，還會走到高地的地方去看砲戰。我們家鄉，因非砲區，所以有時候，我也會與軍友們，齊到高地去看砲戰。

民國四十四年十一月二日，這一天晚上，金門又發生了很厲害的砲戰，砲戰之間，忽然聽到炸聲巨響，大家就從家中走出來，往外一看，發現了天空明亮。我們家鄉，是在歐厝，而最明亮的地方，是太武山，從歐厝到太武山距離尙遠，而耳朵所聽到的聲音很大的爆炸聲，眼睛所看到的，太武山那一地帶，火光沖天，滿空通紅，看其情勢，金門似有危險，而砲戰之中，軍方乃以沉著應戰，慎其處理。似此火海之夜，住金之年，從未有之，實在鮮見。體會之中，生爲軍人職，作爲軍人務，必須具備膽力、智力、體力、耐力、苦力，更要有堅決不移之意志力，不怕犧牲之戰鬥力，否則，像那一夜的金門砲戰要如何應付。如何轉危爲安。

火光沖天過後，金門民間，說法不一，有之說，因太武山附近的彈藥庫被共軍的大砲擊中而引爆炸，有之說，是因爲有匪諜作內應而引生爆炸。有之說被炸，有之說自炸而造成。見其當夜當地之火海，至今回想起來，這也是金門一大劫。

砲聲無停，延至深夜，砲響震動，傳至我家牆壁，從地下傳播，也有回聲，聞其不停時刻之戰況，砲火密度之數量，非筆力可以形容。若欲預測砲火密度之多寡，只可用天空臨降雷雨作比，亦可比喻狂風暴雨忽來之侵襲。見其戰況，雖然害怕，但生於戰時，住於戰地，怕也無用，惟自沉著，惟自磨練，設法適應，方可居住在戰地，生存在戰時。亦才有可能應急自保，求得安全，保著生命。

該夜之砲聲，該夜之砲響，確實與平常之所聽，平日之所見，完全不同，因聲音連發不停，連續無止，影是滿天通紅，一片火海，令人聞之不安，見之不定，在心理上，均不自然，在思想上，是會混亂，在行動上，確會膽寒。經此感觸，更增進了瞭知戰爭之可怕，戰場之危險。原住金門之民眾，無論男女老幼，於平時對砲戰都是常聞常看，根本不會有畏懼，但因這一夜與以往完全不相同，所以大家都感覺很不自然。研究其因，就是爆炸聲太過猛烈，震動力太過厲害，使得原不怕的人，當夜也怕起來了。原可鎮靜的人，也靜不下來了。回想當時，在心理上，現在還是有點懼意。這也好比一個人有了受傷之後，會留下了他的痕跡。事至今日，時間之久，雖已過五十年，而再作回憶，似是昨夜之事。

那天晚上，砲彈雖無落本村（歐厝）附近，而因受驚的人很多，我看了很多民眾，還是躲在防空洞裡，直到砲聲停止，才出洞回家睡覺。想起當時，遇到砲戰，民眾都是睡不安，吃不順，住不定，走不放心，很多人也患了心理病，這些苦情，當時的金門人，吃虧實在很大。

其實，國軍之應戰，實在也很英勇，因爲旁者之觀，都很害怕，何妨臨陣之務，在火海與砲擊之環境下，若非膽識超人，實在無法進入危機險地去處理急務。從此體會，金門之戰爭，無論是陸戰也好，是砲戰也好，他們的功勞，實在太大了，沒有當時他們的英勇表現，就沒有今天的金門。沒有金門，也就沒有今天的台灣。既知往事，就應該要飲水思源，凡我同胞，對那些老榮民們，要誠心尊敬他們。凡是國家的執政者，對他們也要特別照顧。

居於金門之民眾，雖然當時受驚害怕，但險期已過，今後的金門，一定會進入和平之處境。俗語有云：「大難不死，必有後福」。金門人以往雖然受了砲火災難之痛苦，但天能作補，爾後必有快樂之日子可過。

三人冒過砲戰線

民國四十五年，我是在金山鄉民眾服務站當主任，因為金門是居於戰地，要推行之工作、還是黨政軍一元化，當時的鄉長是董群鐵，他也兼任民眾服務站的常務委員，那一年，民眾服務處需要一批經費，舉辦全縣一些活動，因之，就下公文到各鄉鎮發動募捐。那一年的三月三十一日，由董常委之領導，帶了張指導員（也是副鄉長）及我，三人到本鄉（金山鄉）各村莊去募捐，在當時的交通工具，沒有四輪的車，也沒有機車，最有辦法的就是腳踏車。我們三人，各騎一部腳踏車。從上午八時開始，由官裡村的鄉公所出發，第一站，先到豐賢村，首會盧村長，盧村長因是新上任，對工作很熱心，陪我們走遍各角落，捐募的結果，成績的數量相當多。

因為沿途募，沿途聊，所花費的時間也相當多，直到臨午，才由豐賢村轉到后豐港村，於中午，在林先生的岳母家，他請我們吃蚵仔煎，邊吃邊聊，過了一段時間，在此村募後，就再到金水村（水頭）去，在此村正在募捐時，就聽到小金門已經有砲戰的聲音了。停下一看，小金門很多地方都在冒煙，那些地方，就是國共兩軍，雙方開始砲戰的對抗賽。砲戰雖然是在小金門，但水頭村距離小金門很近，雖然是有一水之隔，但砲的射程，不分海陸，每個地方都可以打的到，萬一砲彈不長眼睛，也來了一發向你開玩笑，這種無意的犧牲，毫無價值。三人在金水（水頭）村看了之後，彼此都有同感，我們往舊金城村的方向走，順途募回去。

意想不到，走到半途，住在舊金城村的砲兵們，爲了要協助小金門的砲兵，也開始發砲了，他們發砲的目標，當然是射擊大陸的砲陣地，以當時的砲兵，不論那一方，他們的心意，是不願意打老百姓的，但是凡所有走到半途的人，砲手就不會管你那麼多了，爲了要鳴中目標（砲陣地），當在雙方激戰的時候，也絕對不會因爲路上有人（老百姓），他們就把射擊的工作停下來。那時候，我們三人走到了半途，也正好是上坡的地段，左右四方，根本無處可躲避，騎腳踏車上大坡，又是非常吃力，砲是正在打，砲聲非常大聲的響，三人不顧一切，只有用力踩腳踏車，拚命往前衝，幸好當時我們還年青，否則，可能會暈倒在路上。

衝過了舊金城村的砲陣地，還必須再經過古崗村和珠山村，才有辦法轉回官裡村的鄉公所。而古崗村和珠山村此路段，也是砲陣地，凡是砲戰的時候，走經此段路程，與入虎口無異。我們三人明知這些地段是最危險，但也無奈，只有將原計畫去那幾個村莊要募捐的工作放掉，趕快衝回鄉公所。

那天下午，砲戰的起因雖然是在小金門，但砲兵的兄弟們，他們在作戰時是互助合作的，開始之後，只要砲響，他們就不分是大金門或小金門，也不分什麼是你的或是我的，也不分什麼先鋒後鋒，只要能打的到，打的中，就是他們的兵鋒。我們三人，是隨鋒而跑，在心急，踏快，輪速的路程中，聞其雙方砲聲不停的響，見其遐邇火煙紛紛而起，好像快要下西北雨的天氣，空中有雷在趕雨，馬上就會下大雨，身上又沒有帶雨具，若被淋到，那是不堪設想的。這時候，我們三人也好像在騎單車比賽，誰也不等誰，憑誰的身體強，就可以先到目的地是我們的終點，只要到達，就會安心，就會鎮靜，就會去掉恐懼之心理。若衝過了再稍為休息一下，自然而然，就有快樂的心情。

經到達休頃後，雖然尚未下班（那天雖是週六，但那時候沒有週休二日制），但三人認為這個小單位，我們就是三個小巨頭，可不必向本公所請假，就跑去聊天，於座談中，頗有同感，戰地的基層工作，公家飯實在不好吃，命令到，任務來，就要準時出發，於途中，臨雨遇砲，會發生在何時何地，誰也沒有辦法料到，但生在此地，工作在此地，一切只有聽天由命，隨其排比，思慮是多餘的，驚險過了一下子就好了。以我們的工作，和一般老百姓相比，他們無薪水可領，同樣有任務要做，如民防隊之工作，不亞於阿兵哥，阿兵哥若是服兵役的有期限，服役年月，只要饅頭吃到退役的日子，就可以回家了。從大陸隨軍來的阿兵哥，尚有制度養老。最可憐的，還是金門的民防隊，既無薪，又有戰鬥之任務，說起來，金門民防，實太偉大。

憶其當時，三人冒過砲戰線，亦連想到金門的民防隊，對戰地、對國家，他們的貢獻，不亞於軍政人員。

不同年的「八二三」

民國四十七年，金門「八二三」砲戰，這場戰爭，國共兩軍，雙方受傷，痕跡很大，造成彼此在心理上，似有想找機會，再來幹一場，但因時過境遷，人之壽命，實太短促，那些當時在沙場上殺殺打打的老將和老兵，大部份都已經老了，有的也搬到西天去住了，再也不會要來指揮和衝陣了。但當他們尚未離退之前，每年的「八二三」，和每十周年和二十周年的「八二三」，他們還是磨拳擦掌，準備再幹。那幾十年，余因生活在金門，每天之所見，每年之所知，乘未痴呆，即可回想不同年的「八二三」情形。

金門「八二三」之戰，名揚中外，有之爲戰爭而犧牲，有之因受無辜而連累，這一天，是不是日曆所排定的沖煞日，否則，當時居住金門的人，凡每年的「八二三」日，總要有一個心理準備，才有辦法渡過這一天。

從民國四十七年算起，只差三年，即滿五十載，人之壽命，有幾個五十年，若不乘早，來了解這一天，再次走過，恐難以追，因之，自以生活之過程中，現分兩種方式，來作比較。

（一）從民國四十七年，四十八年，四十九年計有三年，每年之見感，做個比較。民國四十七年的「八二三」日，金門地方，國共砲戰，如火如荼進行，連續四十多天的砲火，把戰地兒女磨練得無比堅忍，造成吾輩之齡終於衝過難關。民國四十八年的「八二三」日，這一天的金門島，由晨早二時起，島上有受著強大的颱風，我家後面那棵又大又高的玉蘭花，被風吹折，一夜之中，我半睡半夢，聽那風聲之大，屋頂上瓦片之響，風震屋動，實會令人害怕。這種天氣，均無正常。

至清晨起床後，余觀村周，見樹木被風吹倒，實不少矣，房屋被吹毀，更是甚多。在田野之五穀物，受損者更是無可計數。農夫受此災害，無不嘆息，在此同病相憐之運途，大家頗有同感，去年今日，受了砲災，今年又再受風災，這是天命註定，嘆息不綴。諸認此日，確有不吉之日子。希望天老爺，明年能改良一下。民國四十九年的「八二三」日，政教運作，尚是正常，本校奉令，主辦歡迎本鄉返金渡假所有之中學生。金門文教周科長於上午特來學校主持會議。談其人之修養，是最根本。凡缺修者，於危急時，無論大小事情，必遇不順。於討論下，提起今日因是「八二三」砲戰紀念日。同時，軍民均有備戰，民間有整理防空洞，於清理洞中積水時，乃有發覺民眾之口角，可證此日乃是不吉之日子。至傍晚，果然有砲戰發生，吾等數人，即連絡軍方，協助將洞中之積水打光。這也是證明平時要有修養，急時方可找到人。

從上述三年的「八二三」日，可以說都有事情之發生，研究之下，起於民國四十七年，因國共軍政欠修養，彼此不和睦，才會引起每年的「八二三」日，似是打架（仗）日。

現在再來比較（二）的，是從民國四十七年，五十七年和六十七年每十年用一次來作比較。쎕民國四十七年至民國五十七年，正好是十周年，這個十周年的「八二三」日，這一天金門的軍民，對共軍的作戰，是打心理戰和實務戰。因當時兩岸是對立的，而對立之處理，必須要注意兩件事，一件是心理建設，一件是實務的推行。因當時的戰爭，有很多專家之研究和分析，認爲中共會再冒一次大險進犯金門，所以黨政軍及民間各單位，均有特別的備戰、加強戒備，在充分之準備下，中共尚無行動，這證明是打一場心戰的工作。然而，我們是生活在戰地，有備無妨，我們用實務做力量，準備雖然受辛苦了，但所用的時間並無白費，因爲多一分準備，就是多鞏固一層的力量，在我們的想像中，認爲加強心防，充實戰力，是戰時戰地應有的工作。쎕民國四十七年至民國六十七年，正好是二十周年，這個二十周年的「八二三」日，這一天，余至校守崗位，因當日學校輪我值日，余晨早起後，即到學校，該日須應付兩務，一件是環境大檢查，全體師生必須共同整理環境，另一件，爲「八二三」日備戰，必須加強戒備，所以必須堅守崗位。

從回想了不同年的「八二三」，戰爭開始至今，已將滿五十個年頭，今只簡提幾個，除民國四十七年是實幹外，最緊張的，還是十周年和二十周年，當時的軍方，恐共軍會再來一次報復戰，亦恐怕採用降落傘兵來攻打，金門每個角落，有特建對空射擊的碉堡，所有空地，也排滿了特製的三角釘，使來攻之共軍無地可容。民防隊員，亦集中宣誓，計劃要再得第二次的「八二三」勝利日。

那些事情，都已過去，至今小三通，兩岸軍民，彼此和睦，當時所計劃的戰略，所準備之辛勞，至今，都可一筆勾消，一平如鏡，大家不再仇恨了。

民四八年「元七」那天的聯想

記得民國四十八年元月七日這一天，金門是一個晴朗的天氣，士農工商，各勤其務，這一天的曆日，因離去年「八二三」砲戰的期間很近，許多的戰況，尚是不甚平靜的日子，在那時候，也可以說是狂風暴雨剛過去，天氣初晴的時刻，島上的軍民，在心情上，稍爲可以喘了一口氣，記得「元七」這一天，是一種微微的風，不冷不熱的氣候，溫和的陽光，沒有雨情，沒有陰影，也沒有炎熱，更不會冷。在金門是一個美麗的島上，空氣非常新鮮，若散步在沙灘，可以看到水波不興的海面，居在此地的家鄉人，原可享受天然的故鄉景，但因受了人造的災害，發生了無意義的戰亂，造成了彼此的仇恨，使居住此地的人，隨時隨刻，都要有防範，注意及時的備戰，否則，命就難保了。

考慮之中，果然發生了事實，那一天，也正好是單日，凡單日也等於是砲戰日，也是民間最警覺的日子，那天，我們民防隊，也正在集訓之中，隊伍剛喊解散休息十分鐘，忽然間，聞到對岸的群砲射過來了，猛砲射擊，島上到處都有。這時候，國軍的砲兵們，也開始反擊了，雙方彼此很認真的打，打來打去，從下午兩點鐘開始，一直打到下午六點鐘才停止。

這一天砲戰的起因，研其根源，當然是從去年（民國四十七年）的「八二三」砲戰之積恨而來之，當時中共發動用大砲攻打金門，其用意是先用砲火平定國軍之抵抗力，然後再用渡海登陸金門島，就可佔據陸地，歸他所管。但是當時駐守金門的國軍，士氣高昂，對打勝戰，絕有信心，尤其英勇的砲兵，反擊之戰，愈戰愈勇，經四十多天日夜不休之應戰，終仍固守金島。再之，又有國軍之海軍，在料羅灣之海戰，國軍大獲勝利，共軍之魚雷快艇失敗後，又加上國軍的空軍，以寡勝多，先後在這四十多天以內，共軍失敗到底。故在去年（民國四十七年）十月六日，共軍即宣佈停火一週，後又欲繼續停火兩週，但在期間未滿，於十月二十日（民國四十七年），又再猛砲射擊本島（金門），雙方之戰，你來我往，國共之對立，無法休息，到後來，共軍似有騎虎難下之處境，爲欲設法自找下台階，即宣佈雙日停火，單日不停。民間得此消息，故凡單日，均不喜外出，若有工作，亦喜用在雙日的時間，盡量趕完。

見其當時民間之工作詳情，凡是雙日時間，大家工作都很努力，遇到單日，即以在家休息，備待臨急，照顧家人，見其情景，金門的老百姓，已經是患了一種時間性的毛病，凡是雙日，大家認真工作，凡是單日，大家無心工作。除了工作有患了時間病之外，在精神上和心理上，同樣也患了很大的毛病。尤其晚上睡覺的時間，遇到雙日，可以甜睡，若零時來到，超過半夜的十二點，雙日時刻欲轉入單日時刻，大家睡眠就不安了，爲什麼呢？因爲單日到了，共軍的大砲，開始向金門島發射了，這時候，正在被窩裡的睡者，睡眠被砲聲吵醒了，在被窩裡，寧靜聽對岸大砲的出口聲，雖然有辦法判斷砲彈要落在什麼地方，是近是遠，一聽即曉，但大砲的方位，隨時隨刻，都會轉方向。現在的大砲彈是落在遠處，但等一下，就會轉向落在附近的地方，這種疲勞轟炸，怎麼睡的下呢？

尤其在氣候很冷的冬天，金門的民眾，很難睡好。人生最痛苦的，就是吃不飽，睡不好，穿不暖，那時候的冬天，金門人的生活，雙日尙可過，但到了單日，那就難矣飽。爲什麼呢？因爲砲聲在響，也不知道在什麼時候就會轉到我們的方向，這時候，心情憂憂，心理不安，無法決定，要不要起床，趕快去躲避防空洞，要去嗎？砲彈並非落在附近的地方，不去嗎？萬一方向立刻轉來，想再跑，一定是臨來不及，這時候，要去也不好，不去也不好，尤其遇到天氣冷的冬天，外面氣候那麼冷，被窩裡是那麼暖和，又是想多一點時間在被窩裡，也想到不早一點跑等一下會來不及的，所以就患了一種矛盾的心理病。據聞所傳，有些懶於動身起床的老阿婆，不理砲彈，繼續照睡，於睡眠中，原是寒冷的天氣，在暗暗的房間內，忽然間有一個暖和的砲彈小姐，跑來跟她睡在旁邊，因身上很熱，起床一看，原來是一發無爆炸的砲彈。

住金門在砲戰的期間內，常聞奇奇怪怪的故事很多，有一次，有一位阿婆很信佛，睡中作夢，有一個人來告訴她，你的床和房門壞了，醒來一看，果然砲彈不爆炸落在她的房間裡與她爲伴，這可能是神的保佑而得平安。

從民四八年「元七」那天之聯想，金門人常遇到該死而沒有死，這可能也是人稱「金門是佛地」，致所獲之護，有神之保佑，危必過劫，戰必得勝。

雷聲與砲聲

從民國三十八年金門古寧頭國共打仗之後，金門，時時刻刻，都有戰爭，因之，稱此地是戰地，此時是戰時。適逢生活在此時代的金門人，已經有六十多年的閱歷了，那些閱歷者，有的是死了，有的是老了，想起他們，其實生活無安定，生命無保障，他們的勞苦，他們的冒險，都是戰爭帶來給他們的，他們爲了求生，爲了顧家人的生活，在危險的砲火中，乃須上山下海去做工，才有辦法糊口，他們的命，爲何會那麼苦，每天所過的生活，都是離不開聞砲聲，聽巨響。憶在民國四十八年元月二十九日，這一天，他們得了雙逢，第一逢是逢到國共雙方砲戰，砲聲巨響，第二逢是逢到空中的雷聲響。在那段時間，金門很久沒有下雨，很久也沒有聽到雷聲，於那一天的下午，忽有西方猛聲烈烈，因金門與大陸是接近之處，那些今已老了的金門人，亦曾聽過多次砲戰猛聲烈烈，其中最大的巨響聲有三次，第一次是在民國三十八年聽到古寧頭打仗猛烈的槍砲聲，第二次是在民國四十三年「九三」砲戰也是猛烈的砲聲，第三次是在民國四十七年「八二三」砲戰也是猛烈的砲聲，其他日子，他們也是聽了很多。

民國四十八年元月二十九日這一天，不但聽了猛烈的砲戰聲，老天爺又另加了一道菜，那就是雷雨交加，造成金門西方，一片黑色，巨響不停，使聽者無法判斷是砲戰聲，或是雷雨聲。因當時的台灣海峽，時勢尚緊張，金門的前線戰鬥，尚未停止，因之，住此地的軍民，仍須隨時備戰。

記得當天（民國四十八年元月二十九日）下午，金門西方，一片烏雲，一時雷聲隆隆，又加上中共以單日的零星砲擊射吾島，一般軍民，聞其聲，觀其天，也有雷聲，也有砲聲，在同一時間，混聲一齊，令人難以了解是雷聲或是砲聲，這也是金門自發生戰爭以來，是一件罕有的事。

同時之巨響聲，都是會使人害怕的，而作爲之源，一個是天之所爲，一個是人之所爲，天之所爲，是以雷聲巨響，聞到的人民，雖然害怕，而內心之感受，認爲天老爺還是以善爲出發，因爲當時金門田野缺水，久旱心急，必須以雷趕雨，民生才有得救，天老爺雖然使民間驚慌，而乃是惡中有善，造其農業之食糧，即有雷聲之後，狂風猛來，黑雲亦隨之速至，大雨亦即隨時而降，終救助了金門之民生。

天之所爲，是因爲天知道民需要雨水，只好出此決策。至於人之所爲，那就不同了，因當時兩岸對抗戰，招數很多，巨響的砲聲與巨響的趕雨之雷聲，意義的想法與作法完全不同，一個是爲救人（雷聲），一個是要殺人（砲聲），無論是雷聲也好，是砲聲也好，那一天下午，金門天暗地黑，受苦、受難、受驚，還是金門的老百姓。它們是混合巨響，民眾無法辨別，只有糊糊塗塗，亦驚亦喜，所驚者，是怕砲落到身邊來，所喜者，下雨了，農作物有得救了，日後的生活，已經得獲老天爺的補助了。

回想當時的金門人，一條命，不如一隻小螞蟻，一餐飯，不如有錢人的一隻狗，想得一家人的溫飽，必須冒砲火到田裡耕作，想灌溉，必須依靠老天爺的下雨，否則，就難活命了。至於那天的雷聲和砲聲，那種巨響的聲音，並非普通的聲音，聽過之後，似是受了一次很嚴重的打擊，許多體質較衰弱的人，受其打擊的影響，無論體內體外，總有受傷害。常聞一些老人說，他們現在耳朵很重聽，心臟很衰弱，膽力很麻木，頭腦不清醒，眼睛看不清，胃口很不好，四肢很無力，生活行動不方便。請教醫生說，是因年輕失調，今已老化，怪不得有這麼多的毛病。論實，他們年輕時負擔實在太過重，無論心理與生理之負擔，可以說是超重又超量，至今想補救，已經是來不及了，想起了那些老人家，當時是很偉大，但現在是很可憐。

他們當時也幫助國軍不少的工作，如「八二三」料羅灣的搶灘，民防隊的支援作戰。他們是無名英雄，爲了固守金門，保護台灣，他們冒了不少的險，做了不少的事，吃了不少的虧，所作所爲，是爲利他，而非利己。有地位的立法委員及縣議員們，你們應該替金門的老人們想想過去，沒有當時的他們，那有你們的現在。他們至今年老，體力衰退，無論在精神或物質各方面，你們應該給他們多作鼓勵，多給安慰，以表飲水思源，宏揚倫理之精神。

筆者在一個夜闌人靜的夜晚，緬懷起那民國四十八年元月二十九日這一天，昔年既往，那些金門的老人，大風大浪既已渡過，絕也不會爲此怨言或討功，更不會爲苦而求情，惟望爲政者必慎鼓勵過去，才會示範將來。

古崗是砲區

回憶民國三十八年古寧之戰以後，金門可以說年年都有戰爭，天天都在打仗，其中最常打的，就是砲戰，所以出生在當時金門的老百姓，所受的痛苦和危險，所過的生活，都是聽天由命，隨時隨刻，都有犧牲的機會，什麼人也無法擔保明天的事，因爲生命無保障，事情要從何擔保呢？在那段時光，聞砲戰聲，似如菜市場做買賣的生意人一樣的雜亂，這邊呼，那邊叫，非常熱鬧，菜市場只是人聲之雜，而砲戰之聲，是以火光與巨響，這邊也有，那邊也有，把整個金門島，變成空中也有火光，地上也有火花，你來我往，雙方（金門與大陸的砲彈）互相送禮，不過，互送的禮，不是小紅包，而是大紅蛋，所送的蛋，也不是雞蛋的蛋，而是大砲彈的彈，誰吃了那個彈，誰就結束了一生的辛勞了，公教人員免上班和上課，農民免再辛苦的種田了，商人也免再辛苦的做生意了，工人也免再做工了，可以永遠的休息，永遠到極樂世界去玩了，可是問了大家，所有的回答，都說他不願意去極樂世界玩。

大家雖說不願意去，但有些人，他的命運早已排定日期了，結果還是去了。惟有那些運氣好的人，雖是遇危，乃活至今。

能活到今天的老人，現在就來談一談回憶往事吧！民國四十六年五月份，我在金門古崗的砲戰區，遇上兩次的受驚；第一次是民國四十六年五月十日。話題之前，先說我的服務工作地點，原本是設在金山鄉官裡村的鄉公所，因上級發了一大批救濟物資，運來之後，無處可存放，即將我借用的辦公處（民眾服務站）討回，余無處可辦公，就遷至古崗村，借用民間的空屋做辦公室。

此地方雖然是砲區，若每次發生金廈砲戰，必受災殃，但因當時常委，是金門酒廠（在舊金城）葉課長春棠兼任的，他由舊金城來此地較近，所以訂此地作爲辦公的地方很適合他的方便。

自遷到此地一個多月以來，並無聽到砲戰的聲音，所以在生活上都很正常，也很自然，而我的家是住在歐厝，每天我是騎腳踏車上下班，早去晚歸，尙感方便。

到了民國四十六年五月十日這一天的上午，國軍的砲兵們，從古崗的陣地，先行發射，大砲直攻大陸，這時候，我正在辦公室做事，見情勢很緊張，所以工作就暫停下來，與同伴們跑到金山中心國小（當時該校設在古崗祠堂及原古崗學校）與小朋友一齊躲進防空洞。

古崗村莊，周圍地區，都是國軍的砲陣地，前後左右，均在射擊，爲恐大陸的共軍砲兵們，也來個反擊，首先，軍民採用疏散的方式，但大家精神上都很緊張，不過，這次的射擊，只有國軍單方的猛攻，對方雖無反擊，但大家的心裡還是很害怕。

每當看村旁的大砲煙火，及聽到大陸大砲的出聲，巨響砲聲時，大家都會提高警覺，特別留意，集中精神，專注砲戰之詳情。

對於砲戰，我們無軍事常識，也無經驗，凡聞砲響，見冒煙火，都是在此地的周邊，不但不自然，也是很害怕，只有見人多均集在防空洞，才會幫助大家的膽力，而紓解害怕之心情。從此體會，經驗與心理建設，確實是一件非常重要之工作。

第二次遇到的受驚，是在民國四十六年五月二十七日，那時候，我與內人，均是服務公職，她是在舊金城國小服務，我是在金山鄉民眾服務站工作，因當時服務站辦公地點設在古崗，她要到舊金城、途中必先經古崗村她的娘家，再步行到學校。早餐之後，我們兩位從歐厝同騎一部腳踏車至古崗，剛到時，余接到通知要開會，那時候，又正在下雨，但是爲了籌備勞軍工作，必須會集當地有關單位開會，余乃冒雨赴會。會畢返辦公處，即聞小金門有砲戰發生，駐古崗的砲兵爲了要協助駐小金門的砲兵，就開始開砲要鎮壓大陸共軍打來的火力，諸見其情，即逃至防空洞。

因連日大雨，在洞內欲找站的地方，擇處困難，只好站在水中。一般民眾，受此痛苦，痛恨戰爭，也痛恨中共的砲兵，受了驚險，也受了痛苦，直到晚上，砲戰停止，我也已經下班了，即回家中（歐厝），本欲就眠，但聞小金門砲戰又開始了，因此不敢就床，乃站在門前觀察局勢。

不久後，共軍的大砲越來越猛烈，國軍的砲兵也強力的反擊，雙方猛打不休。這兩次的聞砲響，我與內人，均在古崗，這個地方，前後左右，四周的範圍都是砲陣地，故生活在此地區的人，若發生砲戰，非常辛苦，也非常危險。

輯三 生活閱歷

輯三　生活閱歷

與車有緣

當我小時，住在金門，兩個村莊，一個是我本家——金門歐厝，一個是金門古崗。本家是祖先所留之地，古崗是外祖父祖先留下來的。因我幼時喪父，母親攜我與她住在外婆家，這兩個村莊的學校，我都有讀過，這兩個村莊所產的穀類，我都有吃過，這兩村莊的房屋，我都有住過，無論食、衣、住、行民生所有任何一切，我都有一份。在表面上是住兩個村莊，其實，是住同一家。

憶當時，村莊與村莊的來往，沒有公路，要是回家或做客，都是用兩條腿做交通工具，沒有像現在寬闊的公路，也沒有車子。走路時，都是走很窄的小路，兩旁蘆葦遮著眼睛，行走時，要先用雙手把兩邊的視線拉開，你才有辦法前進，有時候，有些惡作劇的人，把小路兩邊的草拉來相接，就在小腿下之路上做了一條阻行線，走路不小心，馬上會跌倒。有時候因春夏季早上有露水，你走過去，會弄的滿身都是水，使你無法保持清潔的衣服。

生活在那個時代的人，從來都沒有看過車子，不只這兩個村莊，全金門島每個村莊都一樣。到底車子一個生的怎麼樣，除了年齡大一點有到過外地的，可能有看過，其他的根本都不知道。我第一次看到車子，是從腳踏車開始，記得有一次，有一位僑客回到金門，他帶著一輛腳踏車回來，在村莊騎著走，很多小朋友看到了，感覺很奇怪，怎麼兩個輪在地上轉，上面還可以坐人，那時候，大家就趕快追過去，跑去看。第二次是看到三輪車，那一次是因爲我跟舅父到金門街去，忽然間，聽到了噗噗好大的聲音從遠處走來，有一個日本兵騎著一輛三輪車，車的旁邊，還裝了一個可以載人的坐位。騎著那三輪車的日本兵，看他姿態，他有這一輛車子，好威風喔。

以後，因爲金門駐過大軍，那就有看到車子，不過，那時候所看到的，車子也不多，主要是大卡車，軍方要運糧和運彈，都是用大卡車。那時雖然有看過車子，但從來沒有坐過車子，記得日軍在補給彈糧時，從我家鄉到城裡，也有一站補給線，日本兵在運輸時，一趟是載貨，回來是空車。那時候小孩子有新鮮感，也有好奇心，認爲若坐在車上，不知道有多好，所以兩位小朋友就靠近車邊去，跟那位日本兵講，我們坐你的車到城裡去。那位日本兵的意思，比手說，盟軍飛機看到會轟炸，很危險，我們爲了要坐車，也比著手對他說，沒有關係，轟炸我們不怕。於是，就上大卡車的後面去，因爲沒有地方坐，是用站的，在車上，兩腳站的很穩，兩手抓著車欄，車一開走，我們往兩邊看，看那兩旁的樹好像是在飛，其實不是，是因爲車的速度很快，所以認爲樹在飛。

一個好奇心又無經驗的幼、青、少年期，有了車子騎，有了車子坐，危險不危險，根本不懂也不怕。記得我學騎腳踏車那一年，是在金門中學前的大操場，同學有的已經有腳踏車了，他們騎到學校來，我們那些不會騎的同學，就借他的車子來學，騎的時候，後面總要有一位同學扶著幫助行走。學沒有幾次，還不會自己上車，要先帶到一處有岸可靠才有辦法用右腳翻過去上車，根本還不會自己很順利騎著走。有一天聽到金門青年救國團要舉辦腳踏車長征，我也跑去報名參加。記得車隊長征那一天，隊伍在太武山公墓休息後，就往山外新市里那方向走，車隊速度很快，從上坡往下坡衝，我兩手握車手根本都還不穩，而同樣照衝，事後自想，好在當時金門車子不多，不然，我的腳踏車一定會和大卡車對衝。至今想來，年輕人天高地厚，牛仔不識虎，什麼都不怕，其實，也可以說什麼都不懂。

至於機車方面，那已經在社會做事了，那時是在愛華分校任教，我爲了要考駕照，向姚清華主任借機車練習，在該校前面一個小場地學了兩三個鐘頭。到隔天，路試的場地，規定要到山外監理所去，由姚主任載我去考，場外應考及觀眾很多，在我之前有三位應考者，進場之後，可能心慌，就被淘汰下來了，再來是輪到我進場應考，姚主任問我怕不怕，我說，不怕，果然，我沉著鎮靜的心理掌握過S形，我得了滿分通過。很高興由姚主任載回學校。

我已經考上駕照了，就馬上向車行訂車，要去開新車回家的那一天，因是新手，從後浦要到歐厝（愛華分校之地），不敢走原來之公路，而從後浦南門海邊開回，原因是這段路較沒有車。在路上，有一位教師同仁，他騎了一輛腳踏車，從後面追我的機車，一下子就被他追過去了。另一天見面時，他一直笑我這位騎機車的新手，比騎腳踏車還更慢。此後由慢而熟，由熟而快，到如今，在台北市騎機車可以和擠車眾人擠中搶道路。

記得有一天，我在機車行和老闆閒談，我說，我現在的年齡，坐公車免錢，爲了保持我之體力和技能之精神，公車不坐，我要騎機車或開車，老闆說，你既然敢騎，這邊有一輛是野狼一二五，有一位六十歲不敢騎的老人，要賣給別人他請我試騎。我試騎之後，馬上成交。過了一段街道，有兩家機車行的老闆笑著說，你這個老頭那有辦法騎那麼大的野狼車，其實，他們不知道我以前在金門已經騎了二三十年了。

再說考轎車駕照的我，已經是六十五歲之齡了，因我年齡以前是以多報少，不然是退休之齡了，而我仍照報考。無論是筆試也好，路試也好，全部過關，不過話說回來，筆試只要買交通規則的書來看，不會有問題，最大的問題是路試，在訓練幾週當中，我私費特聘一位高手教練來教我，這位潘教練，在訓練班裡面，只有他有可能教最大型的連結車，其他教練都「無法度」。他教我，也非常嚴格，其中上坡起步及過S形一點都不馬虎，我年齡雖然比他大，而他仍如對待年輕者之訓練嚴格無異。

當考路試的那一天，有一位同考的小姐，她看我把S形轉過去了，她對我說：「我以爲你是教練」。我說：「我是學生我不是教練」。由她這一句話，證明我是老人考駕照。

拿到駕照，我馬上就買車，也很巧，同學年的主任，那天在嫁女兒，訂桌請客，地點在台北市民權西路的餐廳，我就開車進入台北市，順便有四位女同事搭我的車，往返之間，同仁看到我考新駕照，買新車，載新客，都爲我恭喜。過一天，訓導處有一位女同事，看到我在晚上敢從中和開車到台北市民權西路，認爲我是新手，所以她對我說：「你真是很有膽識」。

回想這些，都是十年前的事，後又經過十年之磨練，現我開車，無論是進台北市，開往高地，行走高速公路，都是駕輕就熟，安然自在，享有開車之方便又快樂。這也可以說是因爲與車有緣。今我雖已老，要出門時，無論用單車，用機車，開轎車，於現在之生活中，都是很方便的交通工具。

日軍投降的那幾天

一日無君天下亂，回想民國三十四年，日本宣佈無條件投降，金門的老百姓得了這個消息，大家非常高興，在平日中，都是受日本管制得很厲害，有話不敢說，有事無處講，因爲日本人很兇，說錯了話，不小心，你的頭會和身體分開。現在，日本投降了，大家都自由了。不高興，可以罵人了，有仇恨、可以報復了，日本人再也不會來找我們的麻煩了。你有這個心理，我也有這個心理，他也有這個心理，大家都是這個心理，因此，就想出要報復的對象。啊，先找日本兵，但日本兵躲在軍營不出來，就是現在的金門高中那塊地方，而他們有槍，老百姓沒有槍，大家想是想，但不敢去，也沒有聽到任何行動，只聽了有人說，要報復，要報復，但要往那裡去報，從那裡去復呢？八年的積恨，實在難以發洩，也沒有地方發洩。國軍還沒有來接收，沒有政府，日本兵躲起來，也沒有僞政府，這個時候，金門是一個無政府的政治環境，非常的亂，俗語說，一日無君天下亂，這句話被印證了，我小時在金門，真的親眼看到了。我所看到的，是那些平時積仇要報復的民眾，要打日本人打不到，那就打自己的同胞，鄰居也好，鄰村也好，親戚也好，朋友也好，上輩也好，平輩也好，下輩也好，只要他以前有欺辱過我，我還記得，先自估本身的力量，是不是可以打贏他，假使打得過他，就馬上打，假使力量不如他，想辦法找幾個同伴來幫我做幫手。他們站在我旁邊，看我在無理取鬧的群眾中，一個無力的弱勢者，有可能打一個身體強壯的老實人，這個時候，被打的人要識相，否則，站在他旁邊那幾個人就會出手了，所以，不管有理無理，你要忍受被打、被罵，還要具備不分是非仍願意意向對方賠不是，向他道歉，在那種環境下，只有憑武力，不是講理由的時候，但是，你今天這種方法對付他，他明天也去找人來幫他做打手。你有一群人，他也有一群人，金門到處都會看到打架的群眾，當你無聊的時候，你認爲沒有人會修理你，你可以到金門城去看打架，這邊追過來，那邊追過去，滿街都是在打架的人，看熱鬧的人，有的覺得好笑好玩，有的搖頭嘆息，有的心裡驚慌，打贏的拚命追，打輸的拚命跑，不只用拳頭，有的用扁挑做武器，有的用棍子做武器，被打的人有時候因受不了，只好暫時躲在人家的店裡，這段時間，沒有人敢出來主持公道。，也沒有人要出來做調解人。金門街，天天都有人在打架，好像非洲一群一群的野獸，大吃小，強欺弱，沒有什麼道理可以講，就是可以講，你要到那裡去講呢！國軍還沒有來接收，日本軍不敢管事，這個時候，金門人雖然得了自由，但是亂了，雖然有了自由，但沒有安全的保障。不管是日本管也好，中國管也好，要使一個地方不會亂，一定要有政府，沒有政府的社會，那個地區，絕對不可能安寧的。

日本無條件投降發佈後，原先前幾天，金門街很平靜，上街玩的民眾，見面笑嘻嘻，因爲有一天，有一個中國人，他平日替日本人做事，可能他得罪了一兩位不守法的刁民，刁民被日本人捉去關，出獄之後，懷恨在心，這個時候，刁民認爲他的仇人沒有日本人可以做靠山了，可以找機會報復。有一天，他在金門城市公共地方的大場合，見到仇人也在那個地方，就開始罵他是日本的走狗，然後動手打他，在場的民眾看到了，回家之後，將消息傳出去，一傳十，十傳百，百傳千，一個傳一個，一直傳下去，很快的，原由金門城市發生的事情，就傳到了全金門島各角落，民眾以此爲範例，認爲中國人出頭了，可以打日本人，打不到日本人，也可以打日本的走狗，因之，就開始要找日本走狗算賬，日本走狗找不到，就亂找，找的眼睛發紅了，就找凡是有仇恨的人，也不分他是好人或是壞人，因爲他以前有得罪過我，他就是仇人，凡是仇人，就是與日本人同罪，這個時候不報復，還有什麼時候比這個機會好呢？因此，大家爲發洩受壓迫的心情，這個時候，也不分是非了，只要相遇，就動手打人，也不考慮是老人，是男人，是女人或小孩子，只要能打贏他，就要打。當國軍尚未到金門來接收那一段短時間內，金門最亂，城市聽到有人在打架，鄉下也聽到有人在打架，這邊聽到在打架，那邊也聽到在打架，天天打，處處打，就是因爲沒有政府大家才會打，大家才敢打，橫的打過後，他雖然受傷了，也沒有地方告狀，也沒有人會說打人是不對的。我見到了那種情形，印象特別深刻，也深深體會到因爲日本管制金門，沒有學校，不辦教育，還用愚民政策鼓勵民眾種食鴉片，那些沒受過教育的民眾，那會有理智呢？那時候的社會會亂，研究根源，可說都是日本人造成的。

略談金門的進步

想起金門的進步情形，應該先從我小時候的生活情形想起，談到我小時候的生活情形，在日據時代的生活，可以說沒有被餓死，那是很幸運，原本金門是一個小島，沒有出產什麼東西，民眾的生活，只靠旱田種一點地瓜吃，或是種一點菜，而這些農作物，完全要靠天老爺下雨才會長大，天不下雨，老百姓就沒有得吃了。除了糧食缺乏之外，燃料也不夠，當時沒有汽油，沒有瓦斯，更沒有電，要煮東西吃，要燒茅草、燒柴木。金門因海島，風沙很大，木柴和茅草也是很少，一年當中，無論吃的糧食，燒的燃料，至少要缺乏四個月以上，尤其每年下春雨，往往會患到家中無草或無柴燒可煮地瓜吃。老百姓雖再苦，日本人是不會管你是死是苦。就是要管，他也無能爲力，因爲日本原本是一個缺乏糧食的國家，自己都已經有了問題，還會照顧中國人嗎？尤其當第二次世界大戰將結束的那段時間，金門島已經被盟軍封鎖了，每次當日本要從台灣運東西到金門時，船到半海，盟軍的飛機馬上就到，不管是大船小船、輪船帆船，在海中就會被炸沈，沒有一艘可生還。我還記得，好幾次盟軍的飛機，飛的很低，從我們的村莊經過，因爲我們的村莊是在海邊，飛機來了，我們很害怕，和堂弟們都去躲起來，躲在一所石板蓋的豬舍，因爲那所豬舍沒有養豬，把它當做防空洞。聽了飛行的聲音很大聲，再加上飛機掃射下來的機關槍聲，實在很恐怖。一次又一次，慢慢聽慣了，害怕的心理也慢慢的淡化了，又有一次，看到很多日本兵，他們根本一點都不懼怕，站在我家鄉的煙墩山邊，看盟軍的飛機用機關槍在射擊海上一艘帆船，有一個兵，看了大概不服氣，有跑去他們的營部，拿了一枝機關槍，排在我們家鄉的海邊的沙灘上，那日本兵也沒有掩蔽，就站在沙灘上，手持著機關槍，準備盟軍的飛機再繞過來時，他就要向空中射擊，我們看了好害怕，但是他很鎮靜。日本兵有不怕死的精神，我們中國人有餓不死的精神，日本人統治金門，沒有東西吃的人太多了，有此惡劣的環境，大家還是盡量想辦法，盡量栽地瓜，盡量種菜，沒有肥料，就去撿牛糞、撿狗糞，挑海水沖泡混合放在廁所，備待農耕季節施肥，天若不下雨，就挖水井，設轆轤，用勞力作灌溉，沒有草柴燒，就往山上去撿樹葉、撿茅草。我當小孩子的時候，這些工作，我也做了很多，以當時的小孩子，做這些工作，可以說是一件很普遍的事。那時候的有錢人，不是金銀財寶，也不是房地產，更不是銀行存款或是股票，因爲那時候，金門沒有銀行，也沒有建築，家家都是窮、戶戶都沒有錢，只有看那一家收穫地瓜量最多的，他家裡有幾缸地瓜乾，那一家就是有錢人。原本住在城裡的商人，因爲受了時代的變遷，生意無法做，生活有問題，家裡的女兒，雖然是千金小姐，長的很漂亮，人家來做媒，什麼人都不嫁，挑來挑去，挑到最後，父母的思考作了裁決，還是嫁給種田人最可靠。種的越多，雖然勞苦越大，但可靠力越有信心，所以當時很多住在城裡的漂亮小姐，都要嫁到鄉下去，希望女兒有辦法求得肚子飽。那時候金門人的命運，吃的談不上營養，有地瓜乾可以填飽肚子，那算是頂呱呱，有些農家，爲了儲一點過年過節的零用錢，把地瓜「剟」的細細的，再用水泡進去，取出地瓜粉再曬乾，留下地瓜渣再煮來吃，所有地瓜裡的營養，統統被地瓜粉取引去，地瓜渣根本都沒有營養，人吃地瓜渣，而地瓜粉拿去賣，所以身體上沒有營養可補充，講起來，出生在那時候的金門人，實在很可憐，但時勢是那樣，有什麼辦法呢？再說農家養了幾隻雞，養到母雞會生蛋，生了蛋捨不得自己家人留下來吃，而是用雞蛋去換花生油，用雞蛋去換麵線吃，因爲麵線量比雞蛋多填肚子比較會飽。一個雞蛋吃下去不會飽，而一個雞蛋換來的麵線，煮的時候水多加一點，吃了就會飽了，根本沒有考慮營養不營養。至於雞蛋換花生油來吃的還是很少，最主要的是用來點燈的油料，那時候金門沒有電，各家各戶，晚上要點燈，用一個可裝油用具，把油放進去，再用一條可吸油燈心，火點下去，家中就有燈火了，雖然不很明亮，但起碼一家人晚上走起路來不會相撞。至於戶外，除了有月亮的晚上，否則，在門口走路，有時候要用摸牆角才有辦法走回家。因爲自己家鄉，那個地方有牆，那個地方有角，那個地方高，那個地方低，晝天走來走去，大家非常熟識，到了再黑的晚上，閉著眼睛也可以走回家。

金門因爲受日本的統治，苦底很深，一直到抗日勝利後，初期還是很窮，一般的生活，還是很苦，但因爲原本苦慣了，雖然是苦，而大家認爲不苦。不過，男大當婚，女大當嫁，原一般的家長心理，要把女兒嫁給種田最多的農夫，抗戰勝利光復後，思想隨潮流慢慢轉變了，有些鄉僑回國來看看家人，這時候，有女兒的家長，目標就對著他們了，要把女兒嫁給他，因爲金門窮，而華僑不會窮，女兒嫁給他一定是幸福的，而不管他在南洋是做生意的，或是做苦工的，嫁給他，一定不會錯。以當時沒有談戀愛的思想下，一切以父母決定的婚姻下，從南洋回鄉的僑胞來娶婚的人很多。另有一段時間，國軍從大陸退到金門後，很多小姐要嫁給阿兵哥，因爲嫁給他有煤油燒飯吃，不要到山上去撿柴或撿草，生活是比前所說兩種人好。又有一段時間，金門小姐，最怕嫁給公教人員，尤其當老師的，當時的老師，薪水很低，也是最窮，凡是給小姐知道你是當老師的，她知道你是窮人，所以她也絕對不嫁給你。到後來，政府的政策改良，軍公教人員，待遇提高，生活安定，金門的小姐，選對象當老師的列入優先。這個小小的金門島，隨著時局轉變，人文的思想，也大大的不一樣，我從小至今，這六七十年來，所見所聞，實在很多。記得以前，金門居於農業社會，還沒有人家設備化學廁所，你要大小便，就要走到露天的廁所去，因爲露天廁所受著陽光蒸發，不但有臭味，還看到廁所裡滿滿都是蟲。有一次，一位有錢的僑胞，從南洋回鄉，想要大便，家裡沒有像他在南洋那樣的設備，沒有化學廁所，走到露天的廁所去，聞到臭味那麼濃，看到廁所裡蟲那麼多，蹲下去，大便不出來，趕快跑開。要想辦法，大便不解也不行，這時候，靈機一動，想起金門已經開始設有電影院了，就跑到電影院去了，他先買電影票，他買了電影票的目的不是看電影，而是要到電影院去大便，他以爲電影院的衛生設備一定很好的。想不到，進去之後，電影院因爲剛剛開始，一切都很簡單，幾條木板舖一舖當椅子坐，廁所也不是化學廁所，臭味和小蟲跟昨天他所蹲下來的廁所差不多，還是不敢在那邊大便。一個原住在好環境的鄉僑，回家後，無法適應，一個大便，秘了三天，就趕快回僑地去了。

看到以前，再看看現在，這幾十年來，金門的進步太多了，無論食、衣、住、行，一切都是現代化，以前是做工做的要命而吃不飽，現在是沒有做工而吃的好。以前穿的是破了再補，現在穿的是非常漂亮，以前住的是簡陋骯髒，現在住的樓房或現代設備，以前出門用走路的，現在出門是坐車。無論那一項只要有閱歷過的人請他做個比較，可以說以前是地獄，現在是天堂。這些的進步，完全要歸功於政府的德政，尤其最近的金門，在歷任縣長的施政下，金門有史以來，沒有像今天的進步；老人有福利金可拿、學生讀書不要錢、民眾坐公車免費，同時，金門酒廠，民眾也可分股票……等等之利益，就是因爲懂得開闢財源，除了金門民眾得了利益之外，在金門也有很多的建設。

克難創造建教室

從民國三十八年金門古寧頭打勝仗以後，金門的民心士氣，大大的振作起來了，那時的金門防衛司令官是胡璉將軍，凡是金門的黨軍政，都由他一元化的領導，金門的建設，項目是很多的，那時我不是公務人員，我不了解金門那時候要建設的詳情，我那時候是學生時代，只知道當時有句口號，「克難創造」，從軍方到民間，都要依此口號來推行，學生也不例外。原金門有兩所中學，一所是金中在金門金城鎮的中正堂，一所是金東，在金沙鎮，後來兩校合併爲一校，地點是在金城鎮的中正堂。因併校學生增多，學校必須增加教室，校地沒有問題，而建材有問題，校長就依照司令官所指示的政策去做，就是「克難」，怎麼克難法呢？發動全校師生，每天早晨要到學校上課之前，必須到山前村去抬一塊石頭到學校來，由於眾志成城，集腋成裘，聚沙爲塔，不久之後，蓋教室的預定地，果然石頭堆積如山，大家抬石頭來校的那段時間，鼓舞士氣最大的力量，就是胡司令官偶而也去山前村抬一塊石頭來學校，全校師生知道了，除了校長特別賣力常常去抬外，全校師生沒有一個不拚命。除了到山前村去抬石頭外，還有一件工作，我印象很深刻，那就是學生自己印土磚，由訓導處的分配，各班一定要達到某數量，學生利用課外活動的時間，別的活動暫停，大家一齊去印土磚。分工合作，事前先分組，有的帶鋤頭，有的帶畚箕，有的帶水桶，有的帶扁擔，每種工具都有，好像是承包商在工地施工。帶鋤頭的同學去挖土，帶畚箕的同學去裝土，帶水桶的同學去拿水，帶扁擔的同學去挑土或扛土，人人都有工作做。我還記得，我們班上有一位王同學，他家裡是開店的，從來沒有做過粗重的工作，剛好分配和我同一組，我們兩人是負責扛土。因為我家是種田的，我放學回家後，每天還要做苦工，如挑水澆菜，挑糞施肥，挑山上收穫回來的穀物，這件工作，對我來說，是易如反掌，非常輕鬆，但對王同學來說，是一件非常艱苦的工作。每次畚箕滿土時，繩子拿上來，扁擔放在中間，兩人同方向，他在前，我在後，喊了一二三扛起來，他的肩就垂下去了，根本抬不起來，連動也沒有辦法動，我看他那種苦情，實在難以形容。而兩人扛一畚箕，一頭抬得起，一頭抬不起，兩端不平衡，這個工作怎麼做呢？見他如此，我倒楣與他同編一組，後來我只好自行負擔，不用兩人來扛，我一個人來挑，挑與扛，完全不一樣，扛的是一扁擔兩端兩人，中間一畚箕，一起用肩扛走。挑的是兩個畚箕放在扁擔的兩端，一人在扁擔的中央，把扁擔放在肩膀上，用力就可以挑走了。

這些克難的工作，材料也準備差不多了，木材和建築師，在學生的經濟條件，是無能為力，但校方配合軍方，因爲部隊的人才最多，只要你需要人才，你有辦法和部隊常連絡得上、溝通得好，他絕對有辦法替你找出你所需要的人才。不久後，看到部隊也派兵工來了，建牆的建牆，挖土的挖土，鋸木的鋸木，釘的釘，裝瓦的裝瓦，沒有幾天，也沒有用推土機或是任何機器，完全都是用人工，而教室就一間一間的建起來了，這完全都是當時克難創造的精神。

回憶當時，想想今天，我們實在很幸運，沒有錢，用克難的，沒有教室上課，用勞力創建，無法解決的事，用腦力去想，很多事情，化不可能爲可能，很多困難，都能克服解決，一切是以創造力行，克難得成。今與昔比，完全不一樣，現在，要什麼，就有什麼，應有盡有，假若沒有當時的克難精神，那有今天的享受快樂，經過了此番的閱歷，才知道人生奮鬥的重要，以前有吃了不少的痛苦，才能體會到現在的可貴，這就是苦盡甘來，我們應該知足，我們應該常樂，我們更應該不怕困難，能克服環境、創造未來，這才是真正人生最有意義的生活。不要凡事依賴，或是困難時自暴自棄。沒有痛苦的經驗，那會知道享歡的今天呢？沒有看觸礁的浪花，怎麼會知道海景的美麗呢？我們的以往雖然是苦，但是我們欣賞了難得的味道，所以才能懂得今天是美好。

莒光樓的中秋夜

無事在家，查閱日記，回憶往事，民國六十五年九月八日，那一天，就是農曆八月十五日（星期三），也是中秋節，依我國之傳俗，這一天是有歷史意義之紀念日，因之，住在金門的軍民，無論黨政軍……各界，均放假為慶，民間亦以拜拜為祝，以歷史之傳云，在元朝之暴君，民為除暴，則以中秋月餅包紙條作傳信，連絡各處，同時起義，當時此日今夜，齊同一舉，終將暴政消滅。

為了紀念中秋節之歷史意義，每年今夜，民眾均齊往勝地，遊玩賞月。民國六十五年，我住家是在金門金城新莊，距莒光樓很近，晚飯之後，余聞當夜，莒光樓會很熱鬧，余亦即直往參觀。到達之後，見其現況，果然人山人海，車如水流不絕，有各色各樣之車輛，放在莒光樓外圍，來者之客，多數住在附近之軍民，不分男女老幼，大家心情愉快，齊集在莒光樓門內門外，有之登樓往觀外景，有之坐在莒光樓下的周圍，各圍小圈，賞月講古。老人將所經所聞，傳授青幼之齡，使之得了不少常識。

以當時戰地之金門，乃是打仗時期，不過，當時之戰況，都是以心戰爲主，八月中秋，莒光樓燈光明亮，使對方之共軍都能看到，等於掛上一面勝利旗，讓共軍知道金門是堅強的、是勝利的。這一天是否會砲戰，金門的民眾，因久居戰地，頗有判斷力，大家的經驗，與老兵們都有同等的水準，因之，這一天晚上，大家對於往外遊玩賞月，是否有危險，因大家對心戰工作都有研究、都有常識，所以大家認爲不會打的。由於經驗夠了，所以大家很放心，也很開心的玩。

當時的民俗風氣，金門還沒有卡拉〇K的歌唱和跳舞，所看到的歡樂，都是靜態的活動，而無動態之歌舞，要是如今之風氣，那一天夜晚，可能會有很熱鬧的歌舞聲。而我離金已久，近年之中秋夜，莒光樓之實況，余完全都不曉得。在當時所看到的靜態活動，只是圍小圈，講故事，賞月光，吃月餅，也只有人多之齊，車多之集，大家由家中走出野外，在心情上認爲此夜外玩，不會有砲擊的危險，所以大家才安心的玩。

話說回來，天若不作美，一切都會不如意，也不會快樂的，喜歡外出的人，若無良好的天氣，行動就不會方便了，但那一夜，老天爺也幫了很大的忙，氣候良好，否則，可能莒光樓也不會集了那麼多的車，那麼多的人。有這些過去的感想，就深深體會到，氣候關係人生是很密切的。

翌年，我想到去年八月中秋莒光樓的晚上，是那麼熱鬧，又想再去玩一下，可是時過境遷，完全不一樣，那一天是民國六十六年，九月二十七日（星期二），那一夜，天不作美，雖有心想在八月中秋夜，再到名勝的地方去賞月，而當夜金門是陰又多雨的天氣，見不到月亮，遊客者雖有計畫，無月之夜，欲往何處賞月呢？以此體會，天之排比，勝於人之安排，有人說：「人定勝天」，這就未必然囉，假使人定勝天，那一夜爲什麼會看不到月亮。

到過莒光樓之後，就會想起該樓的用地，也有一段故事，原本這塊地方，整片都是墳墓，記得我小時候，有一次往窗上拿鐵線，不小心右手中指割傷，那時候我住在古崗外婆家，舅父每天帶我到城裡去看醫生，走路要進城，必須經過這片墳墓，小孩子看了這麼大片是鬼住的都市，心裡也有一點怕怕。直到民國三十八年，古寧頭打勝仗以後，胡璉司令官爲了要建設金門，有些地方，原本是一大片的墳墓，他把墓挖掉，骨頭集葬，即將其地，改建大樓。俗語說：「風水輪流轉」，他改變了「土地輪流住」。原是鬼住的土地，而改成人住的土地，像莒光樓這塊地方，和現在金門高中的中正堂這些地方，都是以前鬼住的夜總會。

莒光樓建築完工後，三樓上的頂樓題額有「莒光樓」三個字，是賴生明小兵之所題，一個小兵，爲什麼有資格題上這麼麼偉大的建築物呢？將他的名字掛在頂上。原因是他於民國三十九年七月，共軍突襲大膽島，島中被攻佔，切斷國軍之交通，島上兩端，國軍無法連絡，賴生明在最危急的作戰時刻，衝過虎口，傳令接通，國軍才用兩面夾攻，終獲得最後的勝利，這場戰，他的功勞最大，所以賴生明三個字，成了歷史上的戰鬥英雄，也才用他的名字，題額「莒光樓」。

憶在民國四十二年，賴生明曾受保送，有在金門中學就讀，我們在校的同學，也經常和他一起玩，同學們也經常問他在大膽島打仗的詳情。因他戰鬥殊功，所以亦曾被先總統蔣公召見，並以同食同住幾天作鼓勵，從此之後，凡是到過金門莒光樓去玩的人，都會得聞賴生明的戰功。

佛祖同遷居

我家傳統是信佛教，此源之傳，我亦不知從何時起，惟知每逢朔望，母親會用三炷香，向家中廳堂用木製三佛像以最誠敬之心 上香。從古傳今，那三位就是佛祖觀世音，還有灶君公和土地公，三位併列一排，坐鎮廳堂正中，以保家人之平安。

其實，神與人同，遭遇與命運，也是好比海水的波浪，有時起，有時落，也是同著住家的信徒，看他的命運和處境，命運和處境好，神與人同樣有享樂，命運和處境若不好，神與人同樣要受罪。原先，我幼時喪父，家境非常惡劣，所以在廳堂上那三位佛祖，也要跟著我倒楣。在社會上的人心，有勢利眼的人，也是會看不起我家的佛祖，什麼原因呢？房子破舊不堪，無錢修理，遇到雨天，淋的滿身都是水，受其風吹雨打，那三位都是坐鎮穩如泰山，毫無畏懼或異心，以堅定之信心，固其地基之宜。保其仁義禮智，永不改變。

談到我家的漏水屋，連我的睡房，也是難以醫治，要全部建新的，確實是窮，絕無可能，雖經修補捉漏，而古式房屋頂上是用瓦蓋，若有漏縫，是越修越漏，到了春雨來臨，屋頂之水滴下來，房裡的床上就會有水來侵範。好在當時的睡床，都是古式床，床之四周有欄杆，床頂上有蓋，屋頂上漏滴之水，是點，而不是面。我與內人，睡到半夜，被水吵醒，即拿了臉盆，排在床頂蓋上，接水入盆，將快滿時，即拿椅子墊腳，一人站在椅子上取床頂上臉盆水，一人站地面接臉盆的水。憶及當時，佛祖和我們，都是過著同艱共苦的日子。

後經一段時間，我與內人，舌耕所得，省吃儉用，經多年之努力，儲蓄了第一期的配合款，即參加申請金門縣政府所頒欲在金城建一新莊，名叫「金門金城新莊」，只要第一期款能付得出，餘額後數，即向銀行貸款，參與建購分期按月付還，從此之後，我家即有新屋可住。其時，我原住歐厝之漏水家，就遷居金門金城新莊新屋之家去住。移風易俗，家中祖先神主，及佛祖、灶君公、土地公，也須隨家同行。我與內人，見了那三位木頭像，因久被風雨侵蝕，簡直不像佛像，又黑又髒，又認爲街上賣佛像店很多，要買新的來排，那太容易了。此計畫被我母親知道了，她極力反對購新佛像，棄掉舊佛像，她說：「當我們在苦難當中，那三位舊佛像，都是永不變節，有始有終，同艱共苦，下雨時永守其位，大風時，永不移動，棄掉它，雖然他們不會發聲音表達不滿，但敢做的人，他的內心就是不忠不義，無情無節的黑心人，凡是有良心的人，絕不敢如此做法」。

我們聽了她所說的道理之後，舊佛祖像就不敢拿去丟掉，就拿到金門街上請一位專爲裝佛像的楊先生重新裝修，並安金身，帶回之後，看那三位比買新的更好看，所以就同我們一齊搬家，遷居金門金城新莊住新屋。

後來，我們又要遷居到台北去住，母親對那三尊木頭像，處理的特別愼重，並不是隨便用個紙盒裝一下，或是用一塊布或一張紙包一下就帶走，而是要用特製的花籃裝置的很好，還要帶香帶燭，上飛機和下飛機，都要親手帶著，親身奉侍。

從那三佛像隨家同遷居，原先是住金門歐厝，受其風吹雨打，吃盡了非常之辛苦，堅其永不變節之坐鎭，人行同行，家遷同遷，由歐厝遷到金城新莊，再由金門金城新莊遷到台北中和來，至今三位，乃以堅定不變，守其鎭家安境之盡職。

從母親之看法，確有道理，人不可爲現實而變心，人亦不可爲新歡而棄舊，爲人之心，應以飲水思源，吃水果要拜樹頭，老人之思想與觀念，道理很深，俗語說，老人說的話，要用紙包起來。我從母親所說的話作體會，今日之社會變成這麼亂，原因是有些人只看現實，不思以往，更沒有考慮到將來，只要今天有權力，不問是對不對，不考慮行不行，也不想可以不可以，更沒有注意到應該不應該，憑其口舌之利，雖是騙人得來的，他也敢做，這種人，還有人性嗎？

吾人既知社會如此，知道人性有惡，在個人之修養上，應以德以善爲本，不可只求目的，不擇手段，在心理與作法上，要以神立主，以德固本，以善作行，亦可學三佛像永不改變作為人間之典範。

佛祖要作客

從小在家鄉，每逢過農曆的新年，就會看到金門很多習俗。在我小時，金門的宗教信仰，可以說幾乎都是信佛教，每家每戶，家中的大廳，都有排著佛祖，灶君公、和土地公，三位神像，併列一排。另有一邊，是排著歷代祖先的神主，每天早晚，總要燒香向神請安，這種敬神之心，也就是每個人的中心思想，拜了之後，不但可獲心安理得，且有神之教化，也不敢爲非作歹，於公於私，對社會之教育，是有很大助益。

金門的習俗，每年農曆十二月二十四日，必會舉行一次佛祖要做客的送神，每家每戶，在那一天，就會煮了一些食物，燒了一些金紙。燒了香而送行佛祖去做客。直到過了農曆年的正月初四，因爲佛祖要回來，又有再舉辦一次迎神的禮物去接佛祖回家。

余來台時，因佛祖同遷居，初來期間，乃依金門的移風易俗，尊其先人之傳統，但因時久境變，又先慈也已不在人間，有些作法，似會隨時代與環境而漸改，至使有些作法，確有難以決定如何做才是好。因時代之今，社會上很多事都是青黃不接，難以應付。以台灣的治安來說，實在很亂，小偷也特別多，家家戶戶，光靠佛祖坐鎮保民，尙是不夠，必須做了鐵門鐵窗，以防盜入。許多家戶，雖然有鐵門鐵窗，若人不在家，同樣會被破門而入，於兩年前，我家尙有被偷，那天下午，我與內人，有事外出，當回家時，見外門有被打開，內門及房內之櫥櫃，均被敲開，雖無金錢及貴重之物可偷，而我之證件遺失，及衣服被搬的非常零亂。余雖向治安單位報案，原本欲照像取證破案，但經層轉，上級反不同意，這可能也是不喜歡犯罪率太高的原因。

有些公司行號，及有錢的家戶，且是連棟大樓的人民，即特聘警衛人員，日夜住守，以保全其財產之安全。現台灣之有錢人，他們處事很周密，對於保全，都是採用雙管齊下、滴水不漏，也做鐵門鐵窗，也聘警衛人員，更有一件留守佛祖不做客。農曆十二月二十四日不送神。將佛祖留在公司裡面，留在家庭裡，將佛祖當爲是保全人員。因爲十二月二十四日無送神，佛祖也就沒有去作客了，到了農曆正月初四，也就免接神了，原本這是一件很簡單的工作，只要三炷香，幾碗菜，一些金紙，向佛祖神像前呼去就去，呼回就回，不必勞民動眾，輕而易舉。

談其佛祖往客，若依日期計算，從農曆十二月二十四日起，至過新年農曆正月初四日止，只不過才十天而已，一年之中，佛祖只有十天的假期，算來不多，而有些善男信女，又欲請她早回鎮守家境，有此原因，不外乎是因社會太亂，人心不古，無論是高層或低級，上不上，下不下，這種不上不下之病態，完全都是由不誠實的騙者所造成，往往爲了自己之目的，什麼事都敢騙，什麼事都敢做，只要騙的來，騙的到，以爲自己是本領高，其實，這是違反佛祖的旨意。現在之人性，以孟子之所言：「無惻隱之心，非人也，惻隱之心，仁之端也，無羞惡之心，非人也，羞惡之心，義之端也，無辭讓之心，非人也，辭讓之心，禮之端也，無是非之心，非人也，是非之心，智之端也」。現在之社會者，很多很多，已經是不顧仁、義、禮、智，只求目的，不擇手段，未來之後遺症，一概不管，這樣下去，佛祖那會安心。

有些高階層的人，常會採用說一套，做一套，說話不算話，專門說謊話，而有很多不知道及無智的人，就會受騙，到結果，吃虧的還是自己，以佛祖的心地，是以慈愛好善，不願懲罰那些人，請世間者，應以自愛，尤其高階層的領導者，更須以身作則，不要再騙人害人，只可騙一時，絕無可能騙永久，到了水落石出的那一天，結果，雖然現在騙了別人，但到最後還是害了自己。佛祖雖然不懲罰你，但天理良心，因果循環，只是時間未到，必定是善有善報，惡有惡報，勸世間者，尙須依佛祖之教旨而行善，方有日後之美果。

佛祖受信仰，並不是現代才有，以我國之歷傳，已是很久很久了，她是世間人的精神寄託，是社會者的精神領導，雖然不說話，而心是萬物之主宰，只要意誠心正，遵行實施，不必只說不做。只要用心行善，總比說謊話好。不知恥的人，雖有高階層的地位，而無行善之心地，佛祖雖然盡心欲保民安全，而居此亂世之局，現在的佛祖，不管做客不做客，看了世間這麼亂，實在也是「夠衰」。

一個誠實的人

這件事情，已經過了五十一年了，所有的實情，若憑記憶去想，根本老早就忘掉了，怎有可能想得起來呢？但在無形的偶然中，於昨夜，我翻到民國四十五年八月十三日所寫的日記，才想起了這件事，這並不是一件大事。而從這件小事，就可推想到今日之社會，現在的人心，已經是一百八十度的大轉變，這種世風日下，人心不古的蔓延下去，這個社會，不知道會再危險到什麼時候。

這位誠實的人，他的年齡、雖比我大，而最多也不會超過十歲，而在當時的人，思想很單純，做人很誠實，做事很實在，見財不會貪，心地都善良，凡是不該得不該拿的，雖然人家是不會看到他在拿，他也絕對不會輕易去動手，就是路上撿來的，他也會設法找到失主的人，趕快送還到他家裡去。

現在，我來引證一位已過往的人，他在世時，於民國四十五年八月間的某一天，他要到碼頭去做工，走到半途，在馬路上，他看到有一個皮包在地上，他再往四周前後左右看一看，那個時候，周邊一個人都沒有，只有他獨自一人，就將皮包撿起來，打開一看，裡面有一個約有兩分重的金戒子，還有一些鈔票，同時，還有一張失主的照片，這個人，他向來不認識，只見照片，不知其人，他的姓名，他的住址，根本也不知道。在那時候，金門也沒有像現在各地方有普遍的派出所（警察所），想還他，只有到處打聽，問一問這個人是誰，終於，以他的誠實與誠意，就打聽出來了，那個失主的人，他用照片去對臉貌，果然相符，這個失主的人，就是豐賢村顏願，他本人還不知道他在馬路上遺失了皮包，金戒子和鈔票，直到撿到的人拿去送還他才知道，自己失掉了東西，自己都不知道，實在很不好意思，接到了失物之後，他馬上要請這位誠實的送還者到菜館去吃一餐，但這位送還者說：「別人家的東西，我應該歸還，我不能為了此事來給你花錢」。

從這個小故事來看，想想過去，再看看現在，人的思想，大不相同，人的心態，大大改變，且所變的，都沒有變好，而是變壞，若繼續不斷一直演變下去，這個社會，這個國家，是會更恐怖，更可怕，更危險。以現在犯罪率，據新聞所報導，年齡是越來越降低，其做法也是不斷的變化。先之用騙，騙之不得，即改用偷，偷嫌太少，就改用搶，搶尚不足，又改用綁，凡所作所為，只見錢不見人，只要被壞人知道某人有錢，他就會想盡辦法，設計陰謀，採用無所不用其極，如何能得到手，就是他的目的。這個社會，受了這些惡人胡作非為，可以說已經失去了人性。

不知道是什麼原因，人之前途，本來應該向前看，而有些壞人把「向前看」改變爲「向錢看」，爲了錢，什麼事都敢做，什麼後果都不考慮，所以才會造成今日的社會是這麼亂。惡人，造成了爭權奪利，上下交征利，有這種的作爲，受害的是人民，吃虧的還是人民。有些地方，亦有聞到爲了錢，即在所不惜，什麼事都做出來，甚以殺人、放火、做出無人性，無是非的事情出來。

再看現在的人，那些政治人物，在電視上，常聞口水戰，爲了爭贏，有採用不憑良心，不顧道德，喜用強詞奪理，並且善用廣告，爭取民心，像這種的做法，只是短暫而已，那有永久。但，社會之時局，已經進到此程度，甚以有些時候，也會鬧群眾運動，造其眾者暴寡，智者詐愚，勇者苦怯。事情之發生，都是有計劃，有策略，有內勤，也有外務，有前鋒，也有後方，都是有完整的組織戰，這樣的演戲，公說公有理，婆說婆有理，這樣的社會，這樣的國家，那會有安寧的日子可過。

看到今日的台灣，很多良民，心都煩了，而野心者尚想獨霸一方，既不顧老百姓之痛苦，又有用強詞奪理，欺騙人民，造成不僅是亂，而且也危。看了他們的表態，聽了那些的言詞，可以說這些要獨霸者，簡直禽獸不如。

有些良民，在此危亂之中，尚是不清不醒，會有此因，不外乎是受有心人士之欺騙，再之是受邪惡者之廣告與宣傳。以現在的人與距五十年間的人做個比較，以往的人，是純真、儉樸、本份、務實。現在的人，是投機、取巧、騙術、互相攻擊，爭權奪利，有了這種現象，這個社會那會安呢？

凡是有良心的人，知道了這個小故事之後，就應該學習這個誠實的人，撿到皮包，毫不貪心，問詳送還。而這位誠實的人是誰呢？他就是本村（歐厝）本族一位農夫——歐陽鍾覲。

港星敢到戰地來

民國四十四年，香港電影界，組團來台，他們來的目的，是要爲當時在世的先總統蔣公祝壽，在台灣拜壽完畢後，於當年的十一月一日，也到金門前線來勞軍。我在家裡，聽了這個消息，和村裡的人，認爲這是一件很好的新聞。這一次的勞軍，有分了好幾隊，有的到澎湖、有的到馬祖去，有的來金門，來金門的這一組，是由王元龍先生領隊，人雖然還沒有到金門，而他們的名已經傳播了金門島，爲什麼呢？因爲他們是世界有名的港星，以當時的他們，說起來是非常寶貴的人。他們是從那天上午，由台灣乘機往前線來，到達金門後，安排當天下午，要到金山鄉東沙村「八一四」醫院勞軍，東沙村和我家鄉歐厝村是鄰村。村人的心理，認爲要看到大明星，是一件不容易的事，由於明星兩個字迷了衆人，雖然要來的時間是排在下午，而在中午時間，東沙鄰村的軍民，爲了要看他們，大家都很急的跑到東沙村「八一四」醫院的戲台前去等，有的去的很早，就坐在戲台下面等，那天的氣候雖然有一點熱，陽光之照也會有點難受，但爲了爭觀，還是忍耐坐著等待，這是群衆之心理。以當時電視機還沒有發明，金門的電影院還沒有設立，想認識那些明星的名字或身影，只有靠偶而勞軍的電影片，在室外的大門口，用一個臨時掛起來銀幕放影片給大家看。今天來了是真實的本人，那有一個不想爭看呢？你說去等的人是影迷嗎？這也是難怪的事，因爲幾個月，甚至一年以上，都看不到露天的電影。影迷雖然坐了很久，等了很久，但也不會厭惡，反而大家都很高興，都很有耐心在等。直到下午很晚，他們果然來到了，當他們剛到達時，人還沒有下車，台下那些久等的群眾，大家拚命的鼓掌，掌聲如鞭炮聲，非常熱烈，他們原本是要來前線鼓舞民心士氣，現在前線的軍民，反而鼓舞了他們，以那種場合看起來，他們無形中變成了戰鬥英雄，他們從後方敢來前方，好像是冒了最大危險，和我們長居金門的軍民完全不同。我們天天聽砲聲，而想聽聽歌聲來換個口味，他們是天天有歌聲而怕砲聲，這樣一比，好像人是有貴賤之分，人之身價，也有高低之別。雖然同樣是人，而身價完全不一樣，有的是很偉大，有的是很平凡，有的是要受歡迎，有的是要歡迎人家。這可能也是能力和技能不相同，所以才會造成社會有此現象。

那一天來「八一四」醫院勞軍的人數，只有五六人而已，有王元龍、林黛小姐等人，先由王元龍先生講了幾句話，再由林黛小姐也講了幾句話，然後有兩位女明星也出來各唱一首歌，很快的，只不過幾分鐘，他們馬上就回去了，離開之前，請觀眾在中間讓一條路，轎車馬上開進來，有些觀眾要請林黛小姐在簿子上簽名，車子很快就走了。有些觀眾，認爲這樣的勞軍時間太短，不是他們所想像的。也沒有獲得大家所滿意的勞軍，而分析之後，爲什麼會這樣呢？因爲他們已經成名了，所以才會顯得這是一個高貴的場合。沒有他們名氣，今天下午，怎麼有可能集了這麼多的軍民在這裡？

時代背景，完全不同，以當時的港星來到金門，在戰地的軍民，能夠看到她們，好像是仙女下凡，人人羨慕，人人尊敬，認爲她們能來到這裡，是特別又特別，若以人權來說，當時駐守金門的軍民，天天聽砲聲，時時要備戰，情況到達，身要隨槍，險要前衝，一年之間，一月之中，都沒有康樂活動的環境，只有擦槍、挖戰壕、把靶、演習，隨時隨刻，所準備的，只有打仗，沒有康樂，因之，看了她們，才會那麼神奇。

到如今，小三通方便之後，你想看再美的影星，就不會那麼稀奇了，到了廈門、到了上海、到了北京……等地方，中國的美女太多了，比林黛小姐美的更多。在當時，物以稀爲貴，人以名爲重，成爲時代創造英雄，從後方鼓舞了幾位美女來到戰地的金門，是一件了不起的事。

在當時，我們這些長久駐守金門的軍民，被戰爭封鎖，才會有一種不正常的心理，看到女影星等於看到仙女，聽到港星要來，才會不怕天氣熱，不慮午飯尚未吃，而就提早去等她們來，等了一個下午，只不過看到了台下那麼多人在擠，擠到最後，只聽到兩個人各說兩三句話，也只聽了兩個人，各唱一首歌，這麼簡單，這個勞軍就結束了。在人未到，而聲先到，所有久等的人，也原是很高興而臨變了不高興就沿途走，沿途罵，一直罵到他們的營地，去守他們的崗位。雖然這是五十年來的一件小事，回想起來，還是很稀有。

服務小金門段記

民國四十六年十月至民國四十七年二月，此段時間，我是服務於小金門—烈嶼鄉，當時我擔任的職務，是烈嶼鄉民眾服務站的主任，在當時，小金門是與中共作戰最前線的地方，除了大膽和二膽之外，再來就是小金門，除了軍人之外，凡行政人員或公教員工等，大多數的人都不願意到那個地方去，尤其當老師的，所派去的，除了應辦行政業務人員外，凡是新添任教之工作者，都是派師範剛畢業的老師去，爲什麼呢？因爲舊的都不願意，舊教師在社會上，比較有人際關係，冒險的事，可以交給年青人去幹，他們以老資格就可以應用人事，拉攏派系，有此之情，有些被輪派到小金門去的老師，因爲他的家庭環境很好，那時，他爲躲避風險，就辭職不幹了，只有那些爲生活，爲求得一份工作的老師們，就要乖乖接令往行。

以當時的金門老師，大家都不願意到最前鋒的小金門去服務，而我並非教師，就沒有這些奇奇怪怪的事情了，而爲什麼我會到小金門去服務呢？原我的職務，是在自己的所在地金山鄉民眾服務站的主任，但因被人整了，所以才會到大家都不願去的小金門。這個會去的原因，說來也有一段曲折。經一事，長一智，受了這次的打擊，使我增進了不少的社會經驗，在社會上的人，有善也有惡，有惡也有善，在社會者的心態，很難摸清，有之善中有惡，有之惡中有善。我會被整，檢討之下，是我自已經驗不夠，凡事正直，不會圓滑，也最討厭諂媚的人。

記得民國四十六年，六月二十一日，我由金乘軍機要到台北革命實踐研究院受訓於出發的前一天，當時有一位金門酒廠的葉課長，他是兼任金山鄉民眾服務站的常委（我是金山鄉民眾服務站的主任），他可能有意也要爭去革命實踐研究院受訓，而受訓名單已經由兼任特派員劉玉章將軍頒發出來了，無法更改，因之，葉常委就找我的麻煩來了。原我接到受訓之公文後，就拜託了金水村盛忠民副村長，幫我代理受訓期間處理一切的業務。翌日，飛機要起飛了，而葉常委就跑來找我的麻煩，要查這個，也要查那個，說這個也不行，那個也不可以，就問我職務代理人方面，我說，早已找到，有人要代理，他問是誰？我說，金水村盛副村長，他用不相信的態度對付我，結果兩人在辦公室（設在古崗村）有話說不清，直到中午，天氣又很熱，那時候也沒有電風扇，兩人話多了，也流了滿頭大汗，到最後，他還是不相信我，事逼無奈，兩人就用步行走到金水村的村公所去問盛副村長，有沒有答應要代理我的職務。盛副村長說有，他就問盛副村長，你敢不敢負全責，盛副村長說：「敢」，他又再問，立約簽字，你敢不敢？盛副村長也很講義氣，大聲的說：「敢」，他就當場寫立約書，盛副村長也當場簽名給他。這時候，他也無話可說了。

從古崗村，又是中午天氣很熱的天氣，他要我跟他用步行走到金水村來問只代理一個多月的職務，結果被盛先生以正義壓退他，這時候，他無其他的方法了，就來個柔的，他對我說：「明天我派酒廠一部大卡車送你到機場」。那時的機場不是現在尚義村，而是在料羅村再過去的東西村，假使從歐厝（我家）走路去，起碼要好幾個鐘頭才會到，這時候變成我不相信他了，他所說的，不曉得是真的或假的，又看他剛才與盛副村長那種態度，我內心也火了，當他剛說完明天要派大卡車載我去機場搭機，我也很不客氣當場回答他，我說：「不必了，我明天要用走路的到機場」。其實，那麼遠的路程，走路是不可能的，那時候的金門，根本也沒有計程車，交通工具，固然重要，但遇到這種不近人情的主管，他要送了再好的東西給我，我都不會要的。

那時年輕，對事情的看法與做法，與現在年老的看法與做法，均不相同，年輕之期，血氣方剛，心地耿直，處事不會圓滑，見不慣會心直口快，應對剛直，易得罪人，可能從那一天起，他已經排佈陣局，欲陷害我。而我自尚不知，乃以誠心誠意，處理應行之務。

每當清靜閒思，我會想起葉常委那個人，是一個勢利眼很重的人，以當時他的年齡也很大了，從大陸退到金門來，又獲得了職業很固定的金門酒廠課長這份工作，各方面的見識，應該是很豐富才對，而為什麼要整一個出社會不久，社會經驗不足的青年人。我觀察他的心態，是一種對上拚命打馬屁，對下拚命用壓力的方法來對待人。在社會上，說來也很奇怪，有那麼多人，真的沒有眼光嗎？有的人用諂媚可恥的方法待人，有的人也會很不知恥的接收人家的諂媚，因此之故，才會造成社會黑白不清，是非不明，而終受害，乃是國家與國民。

當我從台受訓歸後，馬上到工作崗位上班，會見了葉常委，看他的表態，待我也很客氣，而他用了笑裡藏刀，存心要整我，我尚不知，他所用的方法，是不斷的向上級打小報告，背後挖我的工作不是。其實，在當時，我的工作表現很好，與全縣各區作比，我是一部很優良的發動機，而有心人會想辦法將一部好的機器去跟人家換一部普通的機器。在那時候，小金門的民眾服務站，是由開鄉長兼任常委，主任是史應武，兩人可能年大老怪，又尚未建立家室，所以經常吵架。上級知道此情，找無機會，將他們兩位，設法分開，正好，我上了人家的圈套，有心人想害我，上級認為這是一個好機會，那邊（指烈嶼）既不和，這邊（指金山鄉）既不睦，順此機會，來個互調。被調之前，也很守密，我一概不知，直到公文，送來我的手上，我才知道。

公文既到，我也無話可說，雖然明白，這是被暗箭傷人而所行，我為了要吃這碗飯，再不高興，也要準時去報到辦移交。那時我內心是很痛苦，我的母親知道我被調到小金門去，她的內心，比我更痛苦，我從小至大，從來沒有離開過她，這次到小金門去，等於後方調到前峰，雖然大小金門，相隔不遠，但在戰時戰地之環境下，且是一水之隔，早晚難以互相照顧，因之，母親的眼淚，乃以不斷的流。我是必須服從命令，準時報到。內心雖然很痛苦，但仍須利用晚上到水頭去搭船。（因怕共軍大砲射擊，船都是利用晚上偷渡過海），參與光明偷渡至小金門。

民國四十六年十月一日，我離別了家鄉，要到小金門去，因爲船是在晚上才會開，我預約了董開元（他當時在烈嶼鄉稽徵處服務），於傍晚，我先到古崗村去找他，兩人就由古崗村坐車到水頭村的碼頭等船。等到天黑之後，船才敢開，到了很晚，才到達工作地區—小金門。到站後，我身體很疲倦，又想起了臨別家庭時母親顏容之苦情，因此，我的內心亦感覺很不自然。在夜間睡覺時，雖欲眠，而眠不深。想起當時，爲了一份工作，也是慈母最不願意我去的地方，因爲她擔心我的安危，她認爲那地方是最前線的地方，最危險的地方，所以她的內心，才會那麼關心，那麼不放心。她的苦心，我想起了她，引起了我內心的難過，實在無法形容。人生的溫暖，什麼地方都比不上家庭的溫暖，世間人的慈愛，什麼人都比不上慈母的慈愛。當一個人要離別家庭的時候，才會體會到真正最溫暖的是家。

因爲我是初次離開家庭到異地去做事的，又初次所到的地方，亦是戰時戰地最前線，最危險的地方，所有經驗，所有情況，所有的一切，也是剛開始的工作，加上離鄉背井，心情落寞，這樣下場，自己也認爲不是根本辦法，因之，在苦悶中的數日，暫不做事，即找朋友與同學聊天，以防積悶再起，防憂重來，於十月二日（初到烈嶼第二天）晚上，我與黃祝願（他當時服務四健會），董開元兩位同學同談笑歡喜，至深夜，回後睡覺，方得很好睡，從此體驗，當一個人離家思親，或有憂悶之積，最好多找友誼，這種作法，是會有幫助的。

待辦移交，因手續無完整，須再等待，致數日中，無事可忙。余即坐待自玩，亦與友人談笑。無事之時，若無設法打發時間，或以自作消遣，對於自身思家的人，日子一定會很難過。而因當時，自我安排，雖是初到，人地生疏，幸乃尚有老同學，於數日後，生活尚感自然。但是，戰地竟是與共軍作戰的地方，無砲戰時，此地軍民，均過平順之生活，但若砲戰時，軍民即提高警覺，各備應戰。在當年十月四日下午，烈嶼有聞砲聲，軍方放出警報鐘聲，軍民除有任務外，餘者盡速疏散。

前線的生活，是戰鬥的生活，前鋒的工作，是警覺性最高的工作，以當時的情況，凡有經驗者，認爲是一件很平常、很普通的事情。但青年人，只可鼓勵、不可打擊，否則，他們會採用消極應付。記得那一年，大金門有三位心不甘、情不願的青年，都被調到小金門去，一位是我，一位是任稽徵處的工作，另一位是當老師的，三人同睡一個房間，某天上午床上得知，大金門縣府督學到小金門去視察，三人工作不認真，都在睡懶覺。其時心態，只怕管，不怕官，那位當老師的，很快就起床到校。我們兩位，照睡不誤，爲什麼？心情不好，督學管不到稽徵處人員。我說，民眾服務站縣長也管不到。因之，兩人繼續照睡。

事至於今，將登五十年矣，當時受人整，我想不通，現在，我想通了，若無受了打擊，人性的惡劣，社會之經驗，我永無處可得知。同時，爲了不忍慈母內心的痛苦，獨自在家淚流，明知辭職會失業，我還是堅持。還好，若無辭職，過了五個月後，「八二三」砲戰了……

笑話一則

金門，從胡璉將軍鎮守之後，地方安定，民生漸進，經數十年之努力，歷任之司令官，對金門之民眾，都是以愛民爲出發，於某任的金門防衛司令官，經常接近民眾，做到親民的事實。每當開車外行出巡時，因當時的金門島，民間均無私家車，一般民眾，都是以步行代車輛，司令官若在途中，看到步行的人，必會停下，請他上車，順便載他回家。

於某天，司令官開車在路上走，見到一位老阿婆在步行要回家，他就順路用車幫她送回。到家時，老阿婆不懂國語，想用語言來感謝他，想了很久，不曉得要說什麼才好，於忽然間，老阿婆想起常聽小朋友經常在遊戲中說：「謝謝你，王八蛋。」老阿婆就用此句話來感謝司令官載她回家。結果，傳佈老阿婆語言不通的笑話。

又有一次，金城街有一位神經不正常的阿嫂，常在街上亂走，於某天，看到司令官在街上，就靠近了他，還打他一下屁股，並說了「打你這個兵頭」。衛士要抓她，這時司令官指示衛士不要抓她，因爲她是有神經病。

從上述兩則笑話，不知道是真是假，都是民間之傳說，而民說之用意，都是證明金門歷任的司令官，鎮守金門的期間內，都是很愛民。

於今晨，余與內人開車去爬台北中和烘爐地，歸途中，順便有載了一位走累了又在趕時間的阿嫂急於回家。由此聯想，回後即舉筆，寫此「笑話一則」，以作金門憶往。

葉志剛送精神食糧

我沒有當過記者，但憑我的觀察，當記者實在是一件了不起的工作，因爲在社會上，每天的生活中，有無數的人，都要等他們的消息，看他們的報導，沒有他們的供應，好像沒有糧食了，肚子餓了，還可以稍爲忍耐一下，報紙還不來，在精神上，就沒有辦法安定下來，尤其在戰爭的時刻，或是商業家要了解漲跌的行情。在以前還沒有網路和電信的時代，沒有報紙，什麼消息都無法知道。

在金門已經過去了的事，這幾十年來的國共之戰，那段時間，等於是封鎖之戰，電視也沒有，收音機也沒有，電話也沒有，除了軍方有任務者才有電信的消息，至於民間的老百姓，要知道當天所發生的事情，是好或是壞，只有當事者及其鄰近的親眼看到才會知道，其他的須靠報紙之消息。

記者要發播消息，也不是憑空所想而可播出，有很多資料，必須實地去了解，當兩軍正在打的很激烈，這時候砲火雖然很危險，而他們仍是要去，這就是他們的偉大。再之，安定民心，鼓舞士氣，有些地方，報紙的力量會比砲火的力量大。金門以往很多次大規模的砲戰及臨發的大事情，其時民心恐慌、士氣低落，好在有記者的報紙及演藝界的歌聲作安定及鼓舞，否則，難以安定下來。如民國四十三年金門的「九三」砲戰，民國四十七年金門的「八二三」砲戰，以及我們的國家退出聯合國，及先總統 蔣公逝世那幾個階段，當時在金門的軍民，在心理上，都是會恐懼的，因爲金門居於作戰的第一線，兩岸無論大小事情，都是向金門或馬祖第一線先動武，在那時段，居在前線的軍民，在生活中無保障，在精神上無寄託，在心理上不安定。居於無寄託的時期中，只有等報紙、等消息，等看看有沒有好消息，有沒有在危機中轉好運。

當得到報紙新聞報導危機轉好的消息之後，於悲觀中即會轉變爲樂觀。以金門經多次在狂風暴雨煙硝之考驗中，報紙之助力，鼓舞了軍民的民心士氣，貢獻非常之大，在當時那幾個階段的危急，若無這支文化尖兵之筆力，憑單靠國軍之火力，不一定會打勝共軍。因文宣之戰是無形的，砲火之戰是有形的，得到文宣，就是得心之力，應用火力，只是表面而已，不一定有效果，所以，心戰重於砲戰。記者就是宣導心戰之核心。

上舉之例，只是指軍方而言，現再舉戰地之政務，記者之助力，亦是很大的幫助，以民國五十三年，那段時間，金門政令之措施，因制度未上軌，似是重現實、輕道義，只用法治，而欠我國的倫理傳統，那更談不上什麼人情味，就以公教人員，申請眷補爲憑，兒子任公職，欲申請父母的眷補，而父母未滿六十歲以上者，就沒有資格，而太太和兒子，都是在六十歲以下，都有資格，尤其太太有一份公職，而她的先生無任公職，太太申請先生的眷補照准。似此之政令，可以說只要夫妻和兒子，父母可以不要，這種好像尙欠我國的倫理道德。這種之作法，亦似是商人買賣與交換，毫無道義。

更奇怪的，那一年聞其政令的規定，對教師的打擊很大，有些老師，因積勞成疾，尤其有之患了肺痨、肺結核對學生的傳染，固然是一件很嚴重的事，而政令無設法協助那些勞苦功高的老師們，有病無安慰醫治，或解決可提早使那些病師先退休的制度，處理治本之方法。而當時規定，於期限之內，自己之病若醫不好，教師之職，就要解聘，金門教師，得此消息之後，人人心理恐慌，認爲有一天，假使自己也患了病，他的工作就無保障了，因有此情，故一般任教之師，心情低落，工作也不振作，凡過於悲觀的人，似有很失望之心態。

正在普遍悲觀消極，金門文教（包括公務員）人員，於不安心之狀況下，那時候，金門的記者，送了精神食糧來了，才再恢復了教師工作積極的士氣。在當時，金門尙是使用戰地單行法，有些事大家都是敢怒不敢言，政府之心意，雖然是要做到民無怨言，但經檢討會之後，乃是民怨無言。這個時候，只有記者比較敢憑公理而發言。

當時金門的戰地，雖然言論不自由，但在民國五十三年七月三日，看了金門的正氣中華日報，記者葉志剛發表了對政策的看法，認爲當老師的，都是燃燒自己，照亮別人，這些人所做的工作，都是爲國家，爲下一代而固基。那時候的金門教師，看了葉志剛記者送了精神食糧來了之後，所有金門的教師，士氣大振作，綿延至今，金門的人才，日見輩出，使得金門不斷的進步與發展。論實，爲政者之心胸，要做到窮不能窮教育，苦不能苦孩子，有這種做法，才是正確。

糞桶與飯桶

一物之用，隨人決定，同樣之物，而用之時，隨其所需，其用法玩法完全不同，其功能與價值亦完全不一樣，只是有的親眼而見之，有的眼不見爲淨也。同樣之事，有的說對，有的說不對，只是事理的辨別中，有的有取證，有的取無證，其中真真假假，假假真真，是是而非，非非而是，在社會上，許多事情，要取得是絕對的，實在也是很難，因爲社會上的人，世間上的人心，有些事情，要經事久，才可見人心，因爲社會上的人，各有智慧，亦各有謀略，雖有法律可治惡人，但懂的法律的，往往會走法律漏洞而做壞事。

在社會上，常會看到做壞事的人，也常看到做好事的人，要斷定好與壞，也必須用時間作證明，因爲那些做事的人，有的善中有惡，有的惡中有善，不是用臨時或表面而可馬上就知道，只有那些有經驗，有閱歷，有研究過歷史有眼光的人，才有辦法分析出來。

談其用物，何者可用，何者不可用，其實，若不需要，什麼都不可用，若有需要，什麼都可以用，就以糞桶與飯桶來做舉證，同樣的那個桶，你要用它做糞桶也可以，做飯桶也可以，當我見金門駐大軍，這兩次的軍隊，因居於兵慌馬亂之際，臨時需用之物，不是用金錢就可以解決問題，雖然有錢，也不可能馬上可以買得到。

在第一次，我所看到的日本大軍，他們所使用鋼盔，功能很多，可以用在打仗的時候，保護頭部，防彈，防沙，防雨水。若遇飯菜冷了，也可以做臨時的鍋煮熱飯菜之使用，也可以做臉盆使用，也可做裝雜物之用，也可以做聽講在隊伍中做板凳坐的使用，必要時，也可以做糞桶大便之使用……其用途之廣，既輕便，又精緻，也耐用，用後洗一洗，又馬上可以戴在頭上作戰使用。

第二次在民國三十八年，大批國軍，由大陸來到金門，有患了一種很嚴重的問題，就有米糧，而沒有蔬菜，那時候農民看到蔬菜特別貴，爲了要多賣菜多賺錢，大家拚命的種菜，但所種的菜長不夠大就馬上拔去賣，甚至連高麗菜的外葉也是很值錢，地瓜葉更值錢，雖然值錢，但乃無貨可賣，其原因，長不大就拔去賣，有的長不夠大，就會被人家偷拔去。又當時，公教人員薪水特別低，甚至有的連薪水都沒有，凡是有田地可種菜的人，他雖然有資格當公教人員，但他願意去種菜，而不願意去當公教人員，他們認爲只要種一點點的菜去賣，就足夠有一年的薪水了。

在當時，除了蔬菜缺乏之外，有些軍方必須的用具，也是有缺少，有一天，當軍方的伙夫們飯煮熟了，要分發各排各班去，找無那麼多的用具裝飯，就想辦法要向民間借，但借不到。在當時，金門還是農業社會，家庭沒有化學廁所的設備，各家戶女人要大便，都是用一個糞桶放在床鋪的旁邊，大便之後，才拿出去倒在外面露天的廁所，那一天，有一家婦女，大便之後，所放出的屎，倒進了外面的廁所，並且洗好，放在門口曬太陽，人進到家裡去做事，不久之後，要收回已曬乾的糞桶，到了門口，看不到糞桶了，就到處去找，結果，看到有一班的兵，圍在地上吃飯，她看了裝一桶的飯，那個桶也沒有經過她的同意，靜靜的被他們拿去用。其實，他們也不知道那個就是糞桶，是因一時的急需，而且大家肚子也很餓了，就要有用具裝，他們馬上就可以解決問題了。

從上述之證明中，因時代背景不同，以當時的戰亂中，金門聚人太多，而用物有缺，無論什麼東西，樣樣都可用樣樣都是寶。當急需時，糞桶也可以當做飯桶用，當在戰場上看到已經死了的人，爲了遮瞞目標，也要將死人拉到身邊來，以作最後的決戰，這就是凡有急需，連死人也都是寶。至於吃的方面，那更免談了，當在戰場上肚子飢餓時，什麼都可用可吃，什麼東西都很好吃。以當時，不像今天的進步。從美軍攻打伊拉克作舉證，美國幾十萬大軍在沙漠地方作戰，他們可能也沒有帶可以煮那麼多人吃的伙夫，而同樣可以有東西吃，同樣可以作戰，不起爐灶，而可解決一切，這就是時代的進步。人與時局，有之成功，有之失敗，有之貧賤，有之富貴，有之站上風，有之站下風，有之管人，有之被管，有之吃人，有之被吃，有之命好，有之命壞，有之一呼群集，有之叫無一人，有之聰明，有之很笨。雖然同樣是人，而人與人作比較，完全不一樣，這也好比同樣一個桶，但桶的差別很大，一個是糞桶，一個是飯桶。

金門老人

近聞金門老人，因政府之德政，老人福利甚多，其中每月每人，發給台幣六千元。一般老人，生活儉樸，六千之數，相當可觀，而所聞之，若臨遷外出，再回故鄉，須待三年，方有資格，其實，人之壽命，若保養欠佳，老人未必能再保存。這些老人，以往在金，受盡風波之苦，戰爭之危，對金門無論是有形或無形，是直接或間接，貢獻甚大，他們原是無名英雄，六千之給，可說是精神之鼓勵，而非物質之救助，有滿年資之老人，政府應以主動作發給，不必等待自己去申請，免的失了老人之尊嚴。

再之部份老人，以往為家庭之生計，必須離鄉背井，落暮心情，往外謀生，有之至今年老，再回故鄉，他們同樣是金門老人，是因一時為了生活，將戶籍臨時遷出，那些老人，有之以往在金之戶籍年資，會比一些現住或新住金門之老人時間多，而遷回之後，又須再等三年，這實在是一件施政者太過現實，若以老人之壽命作計算，等的太久，有道義之人士，深感應再等三年那些老人，有失權宜。

據聞，現大部份老人，很願意告老返鄉，而三年之等待，爲期不短，政府若真有誠意，愛護老人，實可在辦法之中，再加一條款，凡以往有在金門居住之年資，無論連續或中斷，只要合計三十年或若干年以上者，應算符合條件。因憲法有規定，人民有遷居之自由，而條文是執政者所規定，將以往所住金門之戶籍年資廢掉，必須重新再住三年才算，這種做法，似同牢獄之管人法，欲控制人民之自由，何無懷舊之理念。

我是金門人，聞得金門老人，有這麼好的福利，內心甚感愉快，因爲這是有史以來空前之喜事，也是金門老人之幸福。

憶金山各界中秋勞軍

金門縣金山鄉各界中秋節勞軍，憶往此事，是在民國四十五年九月二十一日，這一天，也是中秋節過後的第二天，且在這幾天，金門濫雨，因有颱風，所降之暴雨，實能驚動農夫之心情。原平素之農夫，最喜歡的是下雨天，但因這幾天，老天爺所來的狂風怒號，並非平常，而是狂風暴雨，難怪除了農夫之外，金門各界人士，同樣仍會引生心驚。

金門，原本是島嶼，根本不會鬧水災，而農夫的心意，不是怕雨水之多，而是怕偶而狂患，因此種雨，不僅無獲其益，且有害農作物，產地若被掃過，受害之慘，有之被狂風吹損，有之被急水沖垮，見到這種不正常之暴風大雨，濫橫之沖，農夫雖然喜愛雨水，而所來之水，不是誠意的供水量，而是破壞性的供給法，原是乾旱的金門田地，得水之情，因來之太急，變成有害無益，原有喜變無喜，原無害變有害，原有益變無益，這就是老天爺贈水給農夫作法之不對。造其民無怨變有怨，民有樂變無樂。

民國四十五年九月十九日，是中秋節，這一天，不但沒有月亮可欣賞，且兩天以來，落水之情，除部份零星之降外，而昨今兩天，足足降有四十八小時，毫無頃停，雨水之來，因是連續，凡地基不固者，或露面不穩的，造成舊屋倒塌，新路沖壞（土路），巨水橫濫，似此之禍，使得農民，造其貧害，實太可憐。

暴風大雨，狂來之進，應付尚難，故在近日，農民受損物量，不計其數，除了所種之植物被損壞，有些飼養之家畜動物，乃受一網打盡，有此之情，不僅農民有憂，就是金門士農工商之各界，在行動上，在工作上，也造成很多不便之處，學生與公教，課務與作業，工作進度，無法如期完成，原因公教人員，辦公時間無法如期到，學生上課時間也無法準時到達。

因情勢特殊，於當天，故各單位自定例假，於急勢之情形下，各崗位工作者之想法，唯望老天爺能停雨開晴，方有可能再作各務之復行。

金門縣金山鄉，各界欲舉辦中秋節勞軍這件工作，並非臨定，而是日前於協調會議中，早作討論，經議決通過，欲行之事項、工作計分兩務，則是精神與物質兩方面，精神方面，採用組團往軍營歌舞表演和獻錦旗供留念。以鼓舞士氣爲出發，物質方面，是以送月餅爲主。

各務之工作分配，早在前幾天，亦已安排就緒，只要總領隊一聲出發，各組就會立即動身。

這一次的組織，計分一隊兩組，總領隊是由鄉長董群鐵擔任，以下兩組的領隊者，一組是由鄉公所總幹事楊耀明負責，另一組是由鄉公所軍事幹事符文敏負責。

那段期間，因受了氣候的影響，雖然隨時隨刻，都在注意天氣，企望雨天轉陰或轉晴，但仍待久無望，不出發也是很難可再等了，這時候，總領隊和分組的領隊及各組員之分配任務，均已就緒，所有原定之計劃，是以精神與物質並重，原定之中秋節當日，就要依分組出發，但因該日，本島（金門）大颱風，故所準備之歌舞節目，無法依所計畫進行。

勢迫無奈，風雨尙是不停，延至民國四十五年九月二十一日（農曆八月十七日），雖然乃是風雨交加之天氣，但因若拖延太久，所有已備之中秋月餅等物，有些不可再續存放，因之，在這一天，就由董總領隊董群鐵之發佈，兩個勞軍組同時出發。風雖狂，雨雖暴，而工作人員隨車行前進雖困難，而大家都是負責到底，抱定決心，仍無考慮一切，也無想起安危與後果，爲了勞軍，提振真心誠意，繼續前進，直達部隊之軍營，計贈錦旗四面，月餅若干，有了這種風雨無阻之精神，也是代表了物輕意重，敬軍之表現，尤其年輕的薛碧月小姐，她當時是在金山鄉公所擔任婦女會的幹事，也穿著雨衣，仍勇敢與隊伍一齊前進。

這一次的勞軍計畫，原是以精神爲主，準備了精彩的歌舞，要在中秋節當天晚上，表演出美妙之節目，但因天有不測風雲，雖然是準備了，還是用不出去，結果，是以錦旗代表精神，月餅代表物質，加上用冒風雨之誠意，也可以說勞軍敬軍均有達到。

回憶當時的金門精神，無論是軍是民，是公教人員，或是學生，不論是風大雨大，是砲戰或是子彈之臨危，什麼都不怕，什麼工作都照做，每當事至，說幹就幹，每當行間，說進就進，每有決策，說行就行，沒有畏縮、沒有怨言、沒有貪生，也沒有怕死，總是團結一致，才能使得金門的民心士氣，非常旺盛。

古崗俊男好姑山

小時候，我常聽母親說故事，她出生於金門古崗村，而所說的故事，都是來之就地取材，也是以她小時童年到長大的閱歷，得其實情、實景、實事講給我聽，她有引進了一段古崗好姑山的實際故事，就是她的姑媽，我的姑婆，年青時嫁給水頭村宙阿（人家叫他黑面宙阿）做太太，這位宙阿的親戚，母親叫他是姑丈，我叫他是丈公，他年青時，就到印尼去營商，發了大財，回到家鄉，在水頭村建了很大的雙落大厝和大樓，因爲他錢財太多了，所以他的名聲在金門西半島，甚且傳至全金門島，於當時，若有聽到水頭黑面宙阿這個人的名字，大家都會說他是大富翁。

在他們那一輩的金門島，治家很不好，國防也沒有，當時金門與大陸，根本無界限，隨時隨刻，都可來往自如，丈公當時因爲很有錢，連當時那些當土匪的（人家稱他們是大路賊）也都知道了，所以常常由大陸渡船來到金門要找他。當時的丈公，因人在印尼營商，大路賊找不到他，就找他的兒子，他的兒子雖然年紀很小，但大路賊目的是要綁人要錢，所以也將他的小孩子帶到大陸去，事情發生之後，就由古崗村我的外祖父董怡坤親自冒險，到大陸去和大路賊談條件（給錢），才把小孩子帶回家。以當時金門的生活，都是很勤儉，不管有錢沒有錢的家戶，想吃雞腿，必須等到過年拜天公才有。大路賊將小孩子抓去之後，可能有拿雞腿給他吃，所以小孩子回來以後，因年幼不懂事，想起了雞腿很好吃，所以就哭了，問他爲什麼要哭，他說，他要去找大陸賊，因爲找他有雞腿吃。

母親又說，有一次，姑婆在做生日，請了她們村莊（水頭）很多鄰居的婦女到她家裡來做壽糕（即是圓的龜果），因她平日做人很好，度量也很大，當她們一群人正在忙中，大路賊突然進來，就問主人是那一位，這時候，這群婦女都能爲她保密身份，並且大家都很勇敢的說，主人就是我，大路賊查不出到底是那一位，結果我的姑婆都沒有被綁去。

母親又說，姑丈能發了那麼多的錢和財產，都是姑媽有一種德福庇蔭，所以他的事業才會那麼興旺，當她在世時，其家境不僅興旺財盛，且年年大有增進，到了姑婆死後，家況之經濟，即日漸走下坡。原本她家人之經營，並非姑婆本身去經營，而她在世時，財源滾滾而來，後來，但因庇蔭之福人死了，家庭之福也就跑掉了。

若談風水迷信，或陽居之傳，雖然抽象，但依先慈所說的故事，確有見證，這些事實，雖是一百多年前的往事，但從歷史之推論，金門很多地方的風水陽居故事，古崗的村莊，也是一個人傑地靈的地方，以地質而言，此村莊的地基，環周及內部都是石頭地，因石是堅硬的，居住其地的人，他們的性格，也肯定是堅強的，凡事之行，也一定是講氣節，重信義，所擔之務，也一定是負責到底。以我所聞，每當國家有危難之急，此村也有出了幾位傑出之人才，因這些人，可以說都是為國家出生入死之危急工作，可證出生此地的人，不分男女，很多工作都要比別人特別，男人是有氣魄，女人是有好姑山。

茲將所知，舉出幾位傑出者為證：

董諸儀先生：他在此村莊（古崗村）出生，年青時赴南洋謀生，當時正是 國父孫中山先生要推翻滿清政府，在南洋一帶，鼓吹革命，董諸儀先生即參加同盟會，以當時的滿清政府，若知道了有人要推翻他們，是會將他捉去殺頭，同時，還要殺九族，但董先生很有膽識，仍然不怕，並擔任宣傳員，他也曾與國父合影及得 國父的派令為證（民國四十五年，余在金山鄉擔任民眾服務站主任時，有親眼看到照片與派令）。

董敏常先生：在第二次世界大戰期間，董先生他在大陸，有參加抗日的戰爭，曾擔任國軍的軍官，也曾經與日軍數回的作戰，到抗戰勝利後，有聞其言，得了先總統蔣公贈賜一把軍魂刀，於某天，他返鄉省親，古崗村莊，董家鄉老，聚會迎歡，在座談中，聽他報告國軍的正規軍和日本的正規軍作戰的詳情，實在很有趣。

董國忠先生：在民國四十七年，金門「八二三」砲戰期間，他服務於金門軍郵局，因當時的電信，並不發達，所有的消息，必須靠郵政的傳遞，在四十多天的猛烈炮火之下，他每天都騎著機車，將信件及報紙送到軍政單位，尤其走到最基層，最前線的軍方駐守陣地，最危險的砲區。那時台灣也有很多來到金門服兵役的戰士，家長們在後方的台灣，心情非常緊張，想得好消息，要知道自己的親人在前線是否平安，在精神上的依賴，董先生對他們的幫助很大，他的冒險，更鼓舞了戰時的民心士氣，其冒險之精神，是大家所公認的，所以他也得了先總統蔣公的勳章。

董智森先生：他當了已有二十年的新聞記者，所報導之消息，無論對國家，對社會，對民眾，都有直接或間接之助益。現在的新聞報導，在電視上，每天看他主持的新聞晚餐及新聞大餐和搞董新聞，聽他所報導的節目，都是以正義，公理，這些報導，對人民、對社會，對國家，實在是貢獻良多。

董龍泉先生：現任國家的將官，爲國家做了很多事情。

從上述之所舉，這些人都是由古崗生長出來的。

除了上述所舉之證明以外，尚有更可證的，凡是從古崗生長的人，男人有氣魄，女的是有好姑山，以往有些從古崗嫁出去的女人，有之有庇蔭她的丈夫當了很有名的醫生，有之庇蔭她的丈夫當了很有名的法官，有之庇蔭她的丈夫勤行奮發，教育良好的下一代，在學術界，在政界，在其他之單位，均有良好之成果。今舉一證，現任之金門縣縣長李炷烽先生，他的母親，也是由古崗好姑山生長出來的，她受其地緣之教化，致能使她對子女有良好之教育，也才會培養傑出之人才出來。

以上引述，無論是歷史之研究，地質之探討，優生學之研判，自然環境之庇蔭，人品之生成，人格之培植，子孫之綿延，在發展中，人與地，天與心，都是息息相關，從各方之證，古崗確有俊男好姑山之潛力。

記憶歐厝那棟老樓房

金門歐厝村，有一棟門牌五十號的古老樓房，在村莊中，於未曾有人建樓之前，大家都叫它是歐厝大樓，原因當時是獨一無二的兩層樓。時經已久，樓房也會老舊，所以現在稱它是老舊樓房，你說它最老舊嗎？其實，它的年資，還是歐厝門牌五十四號那棟屋的後輩，因爲此老樓房的興建，是由前往五十四號這一家的人到南洋去發大財才寄錢回來建築的。

政府爲了保存金門的古蹟，此樓亦列入必修之一，談起此樓，因與我小時的住家是毗連，所以此樓的經歷，我也知道了很多，現據所見所聞，略述一下：

小時的我，因是農業社會，村民依農維生，日出而耕，日落而休，沒有康樂活動，亦無公園之設置，每當夏天，氣候炎熱的晚上，此樓就是村民的休息站，村莊的男人，就會自動自發跑到這棟樓上來睡覺，因爲在當時金門過的是無電無燈的農村生活，村民自家太熱，無法睡好，不比現在有電風扇有冷氣機，歐厝村的人，大家認爲此樓房是村莊最高的地方又是無人居住（因主人都遷居南洋去），所以跑到那裡去睡覺，再找也沒有更適合的地方。

在第二次世界大戰期間，日本快要無條件投降的前夕，日軍有大批的軍隊轉到金門來，那棟樓房及毗連三落大厝有住過日本軍官與軍隊，當時我是小孩子，每天清早，都有看到日軍在該樓下的圍牆內，排著整齊的隊伍，向東方的太陽（因爲日本的國旗即與日出的太陽相同）舉手敬禮，並且也唱了日本的國歌，每當有慶宴的日子，也會在該樓的範圍內舉行聚餐，同時，也會請了幾位村莊的老人去參加他們的宴會，以作聯誼民間之政治作用。

到了民國三十八年，國軍從大陸退到金門，此棟老舊樓房，也住了一位軍官，名叫馬鳳書，大家稱呼他馬大隊長，因當時從大陸退來有很多官兵，也有住在歐厝村，因官多兵少，可以說都是有官階，而無兵可帶，也可以說是軍官團，只有少數的勤務兵和傳令兵，軍官們整日吃飽無事做，只玩撲克牌打發時間，而這些軍官，都是歸馬大隊長所管。我們有一群小朋友都經常跑到這棟樓房去和馬大隊長聊天，記得民國三十八年的中秋節，馬大隊長還請了我們這一群小朋友到樓上去吃中秋月餅。

我還記得，於某一天，有一位管糧食的軍官，他需帶一隊小兵到樓下的圍牆內，去接受馬大隊長的點名，因兵員不足，又想吃空缺，就用僞報員額，只要應付一次的點名，就可以領長久的預算，將糧食與兵員的薪水，可以私自吞下。管糧官爲了想貪污，就向村中民間雇臨時冒充兵員，受雇者每人給白銀兩元，還請他吃一餐午飯，我差一點也被雇去，而因怕冒充兵變成正式兵，所以不敢去。

還好，那一次沒有爲兩塊白銀和一餐午飯而去當臨時的冒充兵，要是去的話，可能會馬上被馬大隊長認出來，因爲我們這一群小朋友經常與他在一起，當他在點名的時候，我們歐厝那幾位小朋友都站在外圍看，有些是從大陸帶來的小兵，有幾位是從庵前村幾個村莊去雇來的，那幾位被雇來的冒充小兵，我們彼此都認識，看了不敢與他們說話，只有笑一笑，暗中恭喜他們去賺錢。

馬大隊長的點名方法，也是很嚴格，是一個一個來，叫一個來一個，被叫到的要舉手喊「有」，並報出自己的姓名，還要看一看小兵的舉動。我假使也去冒充小兵應付點名，可能會馬上被他認出來，因爲我們常常在一起聊天，只要說出聲音，看個臉孔，絕無能騙的過他，好在當時不爲兩塊白銀和一餐午飯，否則，做一個不誠實的人，不曉得會被怎麼樣？

過了幾天，我聽村人說，馬大隊長將那位管糧官叫去，用扁挑打他的屁股，聽說打的傷很重，會被打，可能也是因犯貪污而被打。

再談該老舊樓房的用途，貢獻很大，因金門在日據時代，都無設學校，到了抗戰勝利後，金門各地方，紛紛開始辦教育了，這棟老舊的樓房，就做學校使用，先由歐厝的鄉僑，從南洋寄錢回來，就辦了一所私立的金門金獅小學，後來才由政府轉手創辦，而改爲公立學校，有做過沙鷗國小的校址，也做了金山中心國小的校址。我讀小學，就是在這棟舊老樓房的金獅私立小學就讀，到了我長大當老師，我有在這棟舊老樓房的沙鷗國小當過義教，也在這棟樓的金山中心國小當過代用教師（因金山中心國小有在古崗村設分校，我被派去當分校主任）。

這棟老舊樓房的人事變遷也很大，除了住軍官和做學校之外，到了「八二三」砲戰期間，就開始有居住人家，歐陽自坤的父母親曾經在此棟老舊樓房的樓下開過小店，在此樓經營不但養活一家人，還培養了幾個傑出的孩子，若論風水陽居，這塊地基，可能也有龍脈。

這棟老舊樓房，以我來說，也是很有緣份，除了小時候同村伴於夏天到樓上睡覺外，也在該棟樓房讀過書，長大後也在該棟樓房教過書，到現在，我家的戶籍地，也是在這一棟老舊的樓房，原因我的原住屋（歐厝門牌54號），破舊不堪，無法居住，余人在台，即由堂弟歐陽金山，爲我設法找處，暫以將戶籍住址，居留與原住屋（門牌54號）毗連之地，暫作居留，以待日後再作設法。